THOMAS LEEB

KAFFEE, DAS MAGISCHE ELIXIER

THOMAS LEEB

KAFFEE, DAS MAGISCHE ELIXIER

Bereits der Duft von frisch
gerösteten Kaffeebohnen wirkt
anregend auf unser sensorisches
System.

INHALT

KAFFEE, DAS MAGISCHE ELIXIER

Erst seit kurzer Zeit interessieren sich Kaffeetrinker und -genießer für das Getränk, das sie seit vielen Jahren und oft mehrmals täglich so selbstverständlich zu sich nehmen. Vielerlei löste dieses aus: die ständige Suche nach besserem Kaffee, Coffee-Shops, neuerdings Fragen nach der gesundheitlichen Unbedenklichkeit bzw. Verträglichkeit, Bio und »fairem Handel«, Nachhaltigkeit und viele neue Zubereitungsformen.

Ein großer unbekannter Kontinent schien sich aufzutun: Wo kommt eigentlich Kaffee her? Welche Sorten gibt es? Was ist ein »single origin«? Wie funktioniert ein Vollautomat? Wie wirkt Kaffee auf den Körper? Was ist der Unterschied zwischen Mokka und Espresso? Ist Kaffee eigentlich gesund und wie viel kann ich trinken?

Wir wollen hier versuchen, auf unterhaltsame Weise einen kleinen Einblick in die komplexe, vielseitige und spannende Welt des Kaffees zu geben: von den heutigen Erkenntnissen über den langen Weg von der Entdeckung dieser eigenartigen Pflanze, den Anfängen, sie zu nutzen, über ihre Verbreitung auf allen Kontinenten bis zu den zahlreichen Möglichkeiten der Zubereitung.

Noch nie bot die Kaffeekultur ein so breites, vielseitiges Spektrum wie heute.

Ob im Kaffeehaus, im Coffee-Shop oder zu Hause – Kaffee und Kultur gehören bis heute zusammen. Die Magie dieses Getränks, seine hohe emotionale Aufladung bildeten seit seiner Entdeckung bis heute zahlreiche kulturelle Blüten – in der Literatur, Musik, Architektur bis hin zu den Maschinen, Rezepturen und Darreichungsformen. Kein anderes Getränk hat eine so reiche und weit verzweigte Kulturgeschichte.

In den letzten Jahrzehnten wurde die zuvor so kostbare, teure tägliche Tasse Kaffee für alle und überall erschwinglich, wir sind versorgt. Der Chemie verdanken wir mittlerweile tiefe Kenntnisse über die zahlreichen Inhaltsstoffe und ihre Wirkung. Viele neue Zubereitungstechniken werben heute um den Kaffeetrinker und -genießer.

Man darf annehmen, dass vor uns interessante Zeiten liegen; es gibt, sowohl das Vergangene wieder zu entdecken als auch neue Kaffeewelten zu entwickeln.

Wir wünschen uns, den Leser mit diesem Buch für die weite Welt des Kaffeegenusses und der Kaffeekultur zu gewinnen.

Thomas Leeb

Costa Rica

Mexiko

Jamaika

Guatemala

Elfenbeinküste

Kolumbien

Brasilien

Vietnam

Indien

Äthiopien

Papua
Neuguinea

Kenia

KAFFEEWELT

**ZWISCHEN 30 GRAD NÖRDLICHER UND
30 GRAD SÜDLICHER BREITE – ZWISCHEN
DEM WENDEKREIS DES KREBSES UND DES
STEINBOCKS – WIRD KAFFEE ANGEBAUT.**

Venedig war bis in das 18. Jahrhundert eine der wichtigsten Handelsstationen für Waren aus der Levante, dem Orient, China und Afrika. (Kolorierter Stich)

WIE KAM DER KAFFEE IN DIE WELT?
DIE GESCHICHTE DES KAFFEES

**Heute können wir wohl-
schmeckenden Kaffee**
weltweit genießen – doch bis
dahin war es ein mühevoller
Weg, der viele Jahrhunderte
dauerte.

DIE ENTDECKUNG DER KAFFEEPFLANZE

DIE WIEGE DER MENSCHHEIT IST AUCH DIE WIEGE DES KAFFEES: AFRIKA

Schwarz und süß, mit einer schaumig-zarten Milchhaube, kochend heiß und mit exotischen Gewürzen, oder eiskalt mit Sahne – auf vielerlei Arten zubereiteter Kaffee ist uns ein selbstverständlicher Lebensbegleiter. Er dient uns als morgendlicher Muntermacher, stärkender Trank im Arbeitsalltag, als kräftiger Abschluss einer Mahlzeit oder als genussvolle »Belohnung« zwischendurch. Allein in Deutschland wird rund eine halbe Million Tonnen Rohkaffee jährlich verbraucht, statistisch gesehen ergeben sich daraus durchschnittlich fast 150 Liter pro Kopf und Jahr.

Doch damit nicht genug: Weltweit ist Kaffee der Spitzenreiter unter den Getränken – nach Wasser. Dies sind beeindruckende Zahlen, die ähnlich wie beim Wein und Bier eine jahrtausendealte Anbau- und Trinkkultur vermuten lassen. Tatsächlich ist Kaffee im Vergleich dazu jedoch ein relativ junges Getränk, das »erst« vor rund tausend Jahren seinen Siegeszug um die Welt antrat.

Doch wo begann diese Reise? – »Coffea-arabica« nannte der schwedische Naturwissenschaftler Carl von Linné, der die Pflanze erstmals botanisch einordnete, den Kaffeebaum. Doch die Bezeichnung ist irreführend, denn auf der Arabischen Halbinsel ist die wilde Kaffeepflanze nicht heimisch. Sie wurde vielmehr von jemenitischen Händlern importiert und dort systematisch kultiviert. Die Heimat des Kaffees liegt im tropischen Afrika,

genauer gesagt in der Region, die sich wie ein breiter Gürtel von Ost nach West zwischen 30 Grad nördlicher und 30 Grad südlicher Breite (oder poetischer etwa zwischen dem Wendekreis des Krebses und des Steinbocks) über den Äquator erstreckt.

In diesem riesigen Gebiet entwickelten sich je nach dem besonderen Zusammenspiel von Lage, Boden und Lokalklima im Lauf von Jahrtausenden verschiedene Arten der Kaffeepflanze. Aufgrund der unterschiedlichen Zusammensetzung ihrer zahlreichen Inhaltsstoffe unterscheiden sich deren Kirschen und der aus ihren gerösteten Bohnen zubereitete

> »Wie sich der Anbau des Kaffees und sein Genuss über die Welt verbreiteten – das ist eine der großartigsten und romantischsten Kapitel der Geschichte.«
> International Coffee Organization

Auch der persische Raum entdeckte den Kaffeegenuss sehr früh – in der Kombination mit Rauchen. (Stich aus dem 17. Jahrhundert)

Zur Unterhaltung der Gäste im arabischen Kaffeehaus des 19. Jahrhunderts tanzten Derwische stundenlang - dank eines »Powersnacks« aus mit Hammelfett vermengtem, ungerösteten Kaffeemehl.

Eine beliebte Werbung
Anfang des 20. Jahrhunderts waren Werbemarken, die man sammelte oder verschickte. Dieser schnelle Ober bringt den Kaffee sicher heiß an den Tisch!

Kaffee im Geschmack und auch im Koffeingehalt ganz erheblich. Zu den bekanntesten und heutzutage wirtschaftlich bedeutendsten Kaffeearten gehören *Coffea arabica*, der ursprünglich aus Äthiopien stammende Arabica-Kaffee, und *Coffea canephora*, der allgemein als Robusta-Kaffee bekannt ist.

In seiner afrikanischen Heimat waren der angenehme Geschmack und die anregende Wirkung der leuchtend roten Kirschen des Kaffeestrauchs offensichtlich schon lange bekannt. Tatsächlich machten vor wenigen Jahren einige Archäologen im Gebiet des heutigen Staates Tschad eine erstaunliche Entdeckung: An steinzeitlichen Feuerstellen fanden sie Reste von Kaffeebohnen, deren Alter auf rund 14 000 Jahre datiert wird – bislang ist das der älteste Beleg für Kaffeegenuss, den wir kennen. Offenbar hatten die Menschen, die an diesen Feuerstellen gemeinsam rasteten, das wohlschmeckende Fruchtfleisch der Kaffeekirschen gegessen und die steinharten Bohnen ausgespuckt.

Höchstwahrscheinlich kannte man zu jener Zeit noch nicht das Rösten und Aufkochen der Bohnen, um einen Kaffeesud zuzubereiten. Man kann aber

> »Es ist Nacht in den Bergen des Jemen, kühl und sternenklar, doch Hassan kommt nicht zur Ruhe. Unentwegt klappern die Hufe seiner Ziegen über die Felsen. Seit die Tiere von diesen roten Früchten gefressen haben, schlafen sie nicht mehr. Der Hirte bringt Blätter und Früchte zum Imam, doch auch der kennt die Pflanze nicht. Zum Abend versucht der Alte, sich einen Tee daraus zu brauen. Am Herd erhitzt er die Kerne der Frucht und gießt kochendes Wasser darüber. Welch bitterer Sud! Alsbald überkommt ihn ein seltsames Gefühl: als ob das Gefühl der Müdigkeit von ihm gefallen ist. Schnell geht sein Atem, und die Nacht erscheint ihm wie der Tag.«
>
> Nach Antonius Faustus Naironi,
> »De Saluberrima Potione Cahuè seu Café nuncupata Discursus«, 1671

wohl davon ausgehen, dass Kulturen, in deren Lebensraum wilde Kaffeepflanzen wuchsen, irgendwann auch einmal um die medizinische Wirkung der Kaffeefrüchte wussten.

Es ist sehr gut vorstellbar, dass die Heilkundigen jener afrikanischen Gesellschaften schon früh rohe oder gekochte Kaffeekirschen gegen Verstopfung, Kopfschmerzen, Depressionen oder einfach zur Vitalisierung einsetzten, wie wir es viel später dann in schriftlichen Quellen schwarz auf weiß belegt finden. Doch Genaueres wissen wir über die frühe Nutzung des Kaffees leider nicht, noch können wir zeitlich exakt datieren, schließlich sind aus jenen fernen Zeiten keine schriftlichen Überlieferungen vorhanden.

Das Geheimnis um die Entdeckung des Kaffees wird jedoch wohl nie gelüftet werden – vielleicht war es ja wirklich die Beobachtung von Tieren, die den entscheidenden Hinweis lieferte, wie die arabische Geschichte vom Ziegenhirten Kaldi oder Hassan nahe legt. Diese in unzähligen Variationen überlieferte Legende hat sich bis zum heutigen Tag hartnäckig gehalten, basiert aber leider nicht auf irgendeiner historischen Wahrheit.

Eine größere Menge
Kaffee wird für Mokka fein gemörsert (Osttürkei, 18. Jahrhundert). oben

Typisches türkisches Kaffeehaus. Im Schatten sitzend, bei kühler Brise und von oben ließen sich die auf dem Feld arbeitenden Frauen vortrefflich beobachten. unten

Das arabische Kaffeehaus war eine Männerdomäne. Der Brunnen sorgte für Kühle, die Wasserpfeife und die Schale Kaffee für Genuss. Ein Ort der Entspannung, an dem die Gäste sich stundenlang aufhalten konnten.

ANBAU UND KULTIVIERUNG

ARABISCHE »TRENDSCOUTS« ENTDECKEN DAS HANDELS- POTENZIAL DES KAFFEES

Nachdem die steinzeitlichen Genießer und Heilkundigen im Tschad die Kaffee- früchte entdeckt hatten, sollte es noch Jahrtausende dauern, bis der Kaffee sei- ne angestammte tropische Heimat ver- ließ und via Arabien die Welt eroberte. Als zu Beginn des 12. Jahrhunderts die ersten Rückkehrer von den christlichen Kreuzzügen zwar nicht mit Gold und Ruhm, jedoch mit Gewürzen beladen wieder in der Heimat eintrafen, lösten diese vor allem an den europäischen Hö- fen einen regelrechten Gewürzrausch aus. Es wurde Mode und eine Sache des Prestiges, Speisen stark zu würzen und ganz nebenbei auch so den nicht selten minderen Geschmack der Lebensmittel zu verbessern. Der Gewürzhandel ent- wickelte sich in der Folge zu einem sehr lukrativen Geschäft, an dem viele mög- lichst viel verdienen wollten. Nach und nach entstanden ganz neue Handelsrouten, die vom Jemen, einer uralten Drehscheibe für den Fernhandel nach Ostafrika, Indien und Europa, über Kairo nach Marseille, Genua und Venedig führten.

> »Bunchum stärkt die Glieder, er reinigt die Haut und trocknet die Feuch- tigkeit darunter, er gibt dem ganzen Körper einen exzellenten Geruch.«
>
> Abu Ali Ibn Sina (980–1037), Al-qanun fi at-tibb (Kanon der Medizin), Hamadan (Persien) 1030

An dieser Stelle, und das wissen wir nun sicher, stießen clevere jemenitische Händler auf der Suche nach neuen Produkten für ihre internationale Kund- schaft in Äthiopien auf eine ungewöhn- liche Frucht. Die dortigen muslimischen Mönche, die Derwische, nutzten sie vor allem, um bei stundenlangen Gebeten und Tänzen wach zu bleiben. Sie sollen die Bohnen dieser roten Früchte, die

nach ihrer Beschreibung unschwer als Kaffeekirschen zu erkennen sind, zer- stoßen und mit Hammelfett vermengt haben, um sie schließlich zu kleinen Ku- geln gedreht wie einen »Powersnack« zu sich zu nehmen. Die arabischen »Trendscouts« erkannten wohl schon bald das Potenzial, das in den energie- spendenden Früchten steckte, nur an den Geschmack der afrikanischen Kaf- feemehl-Fett-Kugeln konnten sie sich nicht gewöhnen. Diese waren für den in- ternationalen Markt wohl nicht verwert- bar – jedoch die durchaus wohlschme- ckenden und so angenehm anregenden reifen Kirschen. Die hochsensiblen Früchte waren aber wiederum leicht verderblich und somit nicht geeignet, um auf langen Handelswegen transpor- tiert zu werden. Aus diesem Dilemma gab es nur einen Ausweg: Die Pflanzen mussten vor Ort in Arabien angebaut werden. Deshalb nahmen die Händler einige Pflanzen jener Kaffeeart aus dem abessinischen Hochland mit, die in den folgenden Jahrhunderten unter der Bezeichnung *Coffea arabica* die Welt ero- bern sollte, und pro- bierten aus, ob die Ge- birgspflanze nicht auch in den hei- mischen Höhenlagen gedieh. Und das Experi- ment gelang: Wahrschein- lich bereits im 12. oder 13. Jahrhundert wurden in den Bergen des Jemen erste größere terrassierte Anbauflächen geschaffen,

Kaffeewerbung auf Streichholz- schachteln war einst sehr beliebt.

Typische Ausrüstung eines arabischen Straßen- händlers, der Kaffee und Tee anbietet. Der Gaskocher wurde nachgerüstet.

Treffen der Kaffeehändler: ein Nubier, ein Libanese und ein Osmane zeigen ihren sozialen Stand und ihren Wohlstand (kolorierter Stich ,18. Jhdt.).

Zum Testen der Marke füllte man den Kaffee gerne in kleinen Blechdosen ab, ein Werbegeschenk, das sich später weiternutzen ließ.

auf denen Kaffeesträucher in größerer Zahl angebaut wurden. Dies waren die ersten Anfänge des professionellen Kaffeeanbaus.

Kaffee macht gute Laune, gesprächig und ausdauernd – wir können nur ahnen, welchen Eindruck die Wirkung des Kaffees als leicht verfügbares, anregendes, aber nicht berauschendes Genussmittel damals auf die Menschen gemacht haben muss. Sein Erfolg war auf jeden Fall phänomenal, wie die nun folgende Anbau- und Handelspolitik beweist. Die jemenitischen Bauern dehnten ihre ersten erfolgreichen Anbaugebiete nach und nach aus und terrassierten hierfür immer weitere Gebiete im Gebirge. Aus den überlieferten Berichten des Scheichs Gemaleddin, dem Mufti von Aden, wissen wir zudem, dass im Jemen bereits 1454 ausgedehnte Kaffeepflanzungen bestanden. Zum wichtigsten Umschlagplatz der neuen Ware entwickelte sich in jener Zeit ein kleiner, zunächst unbefestigter Hafenort im Jemen, der unter dem Namen Al-Mukha, Mocha oder Mokka bekannt ist. Dort wurden neben Kaffee vor allem Nelken, Muskatnüsse, Reis, Kardamom, Zimt, Aloe, Pfeffer, Salz, Gold, Zucker, Weihrauch, Porzellan, Baumwolle und viele andere Produkte gehandelt und

> »Die angenehme Frucht, so wir uns auserlesen,/ die uns so guten Tranck für unsre Mäuler giebt,/ Ist zu Cair, Alep und Damas erst gewesen, /eh sie der Türck'sche Hof zu seiner Lust beliebt. /Dir, Stöhrerin der Ruh,/ der nichts an Kraft zu gleichen,/
> Dir müssen seit der Zeit /die besten Weine weichen.«
>
> Anonym, Türkei, 16. Jhdt.

gelangten von dort auch nach Europa. Die meisten Einkäufer aus dem Norden und Osten kamen in jener Zeit aus dem kleinasiatischen und persischen Raum, insbesondere aus Kairo, Isfahan und vor allem aus Konstantinopel. Organisiert wurde dieser mehrsprachige Handel von Indern, die zu dieser Zeit bereits in großem Stil als Kaufleute aktiv waren. Auch heute noch nehmen in der Region indische Händler eine wichtige Position ein.

Es bleibt jedoch die Frage, in welcher Form der Kaffee damals eigentlich in den Fernhandel gebracht wurde, denn die Kirschen wären auf den langen Transportwegen ja verdorben. Zunächst einmal wurden die getrockneten Schalen der Frucht gehandelt, die nicht nur unempfindlich und leicht waren, sondern auch mehr anregendes Koffein als das Fruchtfleisch enthalten. Das aufgebrühte Getränk war äußerst beliebt und heiß begehrt, aber sehr teuer und wurde dementsprechend »Sultans Kaffee« genannt. Allerdings kannte man im 14. Jahrhundert auch schon die Zubereitung mit Bohnen: diese wurden getrocknet, mit Mörsern fein gemahlen und mit Wasser aufgekocht, zur (notwendigen) Geschmacksverbesserung würzte man den Sud mit Kardamom und Zucker aus Indien.

Die Kommerzialisierung des Kaffees wurde im Jemen nach allen Regeln der Handelskunst vorangetrieben. Ein Beispiel hierfür ist die »Marketingaktion« des Scheichs Ali Ibn Ùmar al Shadili, die sich im 14. Jahrhundert abgespielt hat. Der Scheich, der später von den

Straßenhändler sind im Orient und im südlichen Mittelmeerraum auch heute ein fester Bestandteil des öffentlichen Lebens. Sie verkaufen außer Kaffee auch Tee, Limonaden, Eis, Backwaren und Nüsse.

Café Toska:
Kaffee und Lifestyle sind keine neue Verbindung, wie dieses Werbeplakat aus den 1930er Jahren zeigt.

**Diesem Araber
schmeckt** der Mokka
sichtbar vortrefflich.
(Postkarte)

Europäern einfach »Schädeli« genannt wurde, empfing eine Handelsdelegation aus Kalkutta und bewirtete deren Mitglieder mit Kaffee. Er sagte diesem Getränk eine große Zukunft voraus und konnte auch seine potenziellen Handelspartner von dieser Vision überzeugen. Scheich Shadili begründete auf diese Weise den Kaffeehandel mit Indien und wird seitdem dort als Patron des Kaffees verehrt. Da der größte Handelsplatz für Kaffee über viele Jahre hinweg Mokka war, übernahm das Produkt schnell diesen Namen – schließlich waren all die arabischen Bezeichnungen für das Getränk für Nicht-Araber kaum auszusprechen: Kahauwa, Bon, Ban, Bunn, Kahwee, Kaue, Cohu, Copha, quah-véh, Chaube ... Mokka wurde innerhalb weniger Jahre eine wohlhabende Stadt und umgab sich zum Schutz ihres Reichtums mit einer zinnenbewehrten Mauer. Ihre marktbeherrschende Stellung im Kaffeehandel konnte sie jedoch nur rund hundert Jahre halten – bis Inder und Europäer begannen, Kaffeepflanzen aus dem Jemen zu schmuggeln und in ihrer Heimat beziehungsweise weltweit in ihren eroberten Kolonien selbst Kaffee anzubauen. Darüber hinaus suchten sich die Ägypter, Perser und Araber auf der Flucht vor den märchenhaften Preisen Mokkas schnell einen neuen Handelsplatz: das nördlich der Stadt in der Wüste gelegene Dorf Bait-al-Faquih. Von dort aus wurde der Kaffee bereits in Säcken zu einem zehn Kilometer entfernten Hafen gebracht und nach Norden verschifft. In diesem kleinen Ort soll auch lange Zeit der Kaffee mit der höchsten Qualität angeboten worden sein – offensichtlich spielte also schon damals der Geschmack des Genussmittels eine wichtige Rolle. Ein weiterer bedeutender Umschlagplatz im Ost-West-Seehandel war die am Eingang zum Roten Meer gelegene Insel Sokotra. Sie wurde beispielsweise von den Schiffen der im Jahr 1600 gegründeten englischen Ostindien-Kompanie angelaufen. Schon bald entwickelte sich darüber hinaus auch der bei Mekka gelegene Hafen Jiddah zu einem wichtigen Ausfuhrort.

Zu dieser Zeit kannte man schon eine neue Art der Kaffeezubereitung, die wohl irgendwann im 14. oder 15. Jahrhundert aufkam. Wahrscheinlich im persischen Raum entwickelten Kaffeeliebhaber die Methode, die Kaffeebohnen zu rösten, anschließend mit Mörsern zu mahlen und dann mit heißem Wasser zu übergießen – das klassische Kaffeegetränk war geboren. Diese Art der Zubereitung setzte sich schnell in ganz Arabien durch, und sie war weitaus billiger als der Sultanskaffee. Außerdem war der so gewonnene Sud wesentlich geschmacksintensiver, wohlschmeckender und stärker in der Wirkung. Der »Mokka« wurde nun zu dem Getränk, als das es historisch bekannt ist: ein kleiner starker Kaffee aus einer feinen Arabica-Mischung, der aus einer kleinen Tasse, der Mokkatasse, getrunken wurde.

> **»Wenn du zum Weibe
> gehst, halte dich frei
> von Sorgen und sei
> fröhlich. Auch sollst
> du nicht zu reichlich
> gegessen, wohl aber
> einen stärkenden Kaffee
> getrunken haben.**
>
> Scheich Hefzawi, um 1516

**Heute schwer zu
finden:** ein afrikanischer
Kaffeemörser. Dieser stammt
aus dem 19. Jahrhundert,
südliches Äthiopien.

Eine leicht orientalisch anmutende, gasbetriebene Kaffeemaschine mit Aufschäumer namens »Espressocc« (Hamburg, ca. 1930).

DIE VERBREITUNG DES KAFFEES

ENDE EINER ÄRA: DAS ARABISCHE KAFFEEMONOPOL FÄLLT IM 17. JAHRHUNDERT

Auch auf den Handel hatte diese kulinarische Entwicklung erhebliche Auswirkungen. Die Bohnen ließen sich zwar gut transportieren und aufbewahren, doch mussten die Jemeniten darauf achten, dass sie mit dem Export nicht ihre Monopolstellung aufgaben, indem sie durch die Ausfuhr von keimfähigen Samen den Anbau in anderen Regionen ermöglichten. Diese Gefahr umgingen sie mit einer einfachen Maßnahme: Keine Rohkaffeebohne verließ den Jemen, ohne vorher kurz mit heißem Wasser übergossen worden zu sein. Damit wurde die Keimfähigkeit erheblich reduziert. Darüber hinaus wurden die Kaffeepflanzungen nun Tag und Nacht auf das Schärfste bewacht, damit keines der wertvollen Kaffeebäumchen entwendet werden konnte.

Doch all die Vorsicht nutzte nichts, denn auch die enormen Profitspannen des Kaffeehandels weckten allüberall Begehrlichkeiten. Als den Ersten gelang es um das Jahr 1600 wohl Indern, die zu dieser Zeit ja schon lange Kaffee importiert hatten, das arabische Kaffeemonopol zu knacken. Der Überlieferung nach verbrachte damals angeblich ein indischer Mekkapilger namens Baba Budan Keimlinge oder keimfähige Kaffeebohnen in das Gebiet des heutigen südindischen Bundesstaats Karnataka. Mit diesem

Heldenstück, das ein listiges und nicht ungefährliches Umgehen zahlreicher Zollstationen erforderte, wurde der Kaffeeanbau in Indien begründet.

Doch nicht nur im südlichen Asien streckte man die Fühler nach der begehrten Pflanze aus. Mit der Verbreitung des Kaffees im riesigen Osmanischen Reich wuchs auch die Nachfrage nach den Kaffeebohnen. Diese steigerte sich

zudem erheblich, als Europa Anfang des 17. Jahrhunderts langsam, ab etwa 1650 jedoch schlagartig auf den »Kaffeegeschmack« kam. Als Erste erkannten die Niederländer die neuen Möglichkeiten, die sich durch den Kaffeehandel ergaben. Dort hatten findige Kaufleute 1602 die Niederländische Ostindien-Kompanie gegründet und bereits 1606 Aktien der Gesellschaft ausgegeben, um sich ausreichend zu kapitalisieren. Die Aus-

Der »bestbewährte Kaffee-Apparat« der Gebrüder Schwabenland aus Mannheim auf einer Werbepostkarte Anfang des 20. Jahrhunderts.

Gefährliche Seeabenteuer gehörten zur Geschichte des Kaffees: Eine schnelle osmanische Schaluppe, wahrscheinlich mit begehrtem Kaffee an Bord, flieht vor ihren europäischen Verfolgern in der Seestraße von Hormus (Ölbild, frühes 19. Jhdt.).

Ein vornehmes **Kaffeehaus** in Chicago im späten 19. Jahrhundert.

beutung der Kolonien und der Seehandel versprachen riesige Gewinne, erforderten aber zunächst hohe Investitionen und Mut zum Risiko. Die Ausfallquoten durch Stürme, Überfälle und Krankheiten waren hoch. Doch die niederländischen Investoren, Städte und Stände, brachten das Kapital von sieben Millionen Gulden auf, um ihr Ziel zu erreichen: den lukrativen Gewürzhandel unter Kontrolle zu bekommen. Im Laufe des 17. Jahrhunderts konnten sie die Hafenstadt Batavia (heute Jakarta) sowie die Molukken-Inseln, die damals »Gewürzinseln« hießen, übernehmen.

Die »Pfeffersäcke« genannten niederländischen Kaufleute wollten aber mehr. Sie fuhren 1614 mit einem »Agrarexperten« nach Aden im Jemen, um Anbau und Verarbeitung von Kaffee zu studie-

> »Kaffee ist ein Gemüse von der Größe und dem Aussehen kleiner trockener Bohnen, wird in Arabien gekauft und in Gasthäusern (in Bagdad) zubereitet und verkauft. Das Getränk ist schwarz und ziemlich geschmacklos, auch wenn ihm einige gute Eigenschaften zugeschrieben werden ...«
>
> Die Reisen von Pedro Teixeira, 1586–1605

ren. 1616 konnten sie ein Kaffeepflänzchen nach Holland »entführen«. Dank ihrer Tulpenproduktion kannten sich die Niederländer im kommerziellen Gartenbau gut aus; so gelang es ihnen auch, Kaffeeschösslinge zu ziehen und diese in die Kolonien zu verbringen. Der Versuch war von Erfolg gekrönt: Ab 1658 gelang es ihnen, auf Sri Lanka Kaffee mit Pflanzen aus Amsterdam und ab 1699 auf der indonesischen Insel Java anzubauen.

Nach den Geniestreichen der Inder und Niederländer ging es Schlag auf Schlag. Schon lange hatte man auch in Frankreich versucht, Kaffeepflanzen zu züchten und in den Kaffeehandel einzusteigen. Nachdem auf Haiti und Réunion 1715 beziehungsweise 1716 bereits erste kleine Erfolge mit Keimlingen aus Mokka verzeichnet werden konnten, überführte 1723 der französische Marineoffizier Gabriel-Mathieu de Clieu einen Setzling aus dem Jardin du Roi auf die Karibikinsel Martinique. De Clieu hütete das Pflänzchen wie seinen Augapfel, verteidigte es gegen missliebige holländische Matrosen, tunesische Piraten und teilte in einer Flaute mit dem wertvollen Schatz sogar seine letzte Wasserration. Und die Anstrengung lohnte: Vier Jahre später konnte er aus zwei Pfund Samen kleine Schösslinge ziehen. 50 Jahre später bedeckten die Hänge der Karibikinsel fast 19 Millionen Kaffeepflanzen.

1727 erreichte der Kaffeeanbau schließlich Brasilien. Der portugiesische Diplomat Francisco de Melo Palheta hatte Setzlinge in Guayana gestohlen und unter Lebensgefahr aus dem Land gebracht. Um 1800 begann Brasilien mit dem Kaffee-Export, um 1900 lieferte es bereits drei Viertel der Weltproduktion.

1730 brachten die Engländer, die auch auf den gewinnversprechenden Zug des Kaffeehandels aufspringen wollten, Kaffeepflanzen nach Jamaika und begründeten dort erfolgreich die Kaffeewirtschaft. Spanische Jesuiten führten den Kaffee 1740 auf den Philippinen ein. 1748 erreichten die Gewächse Kuba, danach Guatemala, Venezuela, Puerto Rico und schließlich 1790 Kolumbien und Mexiko. Die Engländer legten 1840 die ersten Plantagen in Indien, 1878 in Zentralafrika und schließlich in Ostafrika an.

Eine der ersten **Kaffeefahrten.**

Indonesische Pflückerinnen bei konzentrierter Arbeit: Kaffee wird in ganz Indonesien angebaut, die bekanntesten Anbaugebiete sind Java und Sumatra.

**Orientalische Wasser-
verkäufer** versuchten nach
Möglichkeit, zu den wesentlich
besser verdienenden Kaffeesie-
dern aufzusteigen (Damaskus,
frühes 19. Jhdt.).

EINE REISE
UM DIE WELT

KAFFEEGENUSS BLEIBT VORERST
EIN ORIENTALISCHES VERGNÜGEN

**Französisches
Werbe-Blechplakat** aus
den 1930er Jahren.

Die Verbreitung des Kaffeegenusses war anfänglich eine fast rein orientalische Angelegenheit. Ende des 15. Jahrhunderts war Kaffee bereits in Mekka und Medina heimisch und wurde von dort auch exportiert. Schon 1510 war der Kaffee nachweislich in Kairo bekannt. Als Ägypten 1517 unter Sultan Selim I. unter die Herrschaft des Osmanischen Reichs geriet, probierten die Kaufleute von Konstantinopel, die stets auf der Suche nach neuen exportfähigen Produkten waren, in Kairo das für sie neuartige Getränk und befanden es – auch angesichts des Erfolgs der vielen Hundert Kaffeehäuser der Stadt – offensichtlich für gut. So erreichte das schwarze Getränk schließlich die osmanische Metropole Konstantinopel. Dort wurde dann 1554 das erste der infolge schnell zahlreicher werdenden, »kahvehâne« genannten Kaffeehäuser eröffnet.

Kaffee wurde aber nicht nur in den Städten getrunken, er breitete sich auch im gesamten Herrschaftsgebiet des Osmanischen Reiches aus. So war er etwa mittlerweile auch kulinarischer Begleiter auf den Handelskarawanen geworden, auf denen sich spezielle Köche ausschließlich um die Kaffeezubereitung kümmerten. Sie zogen der Karawane voraus und erwarteten den Händlertrupp an den jeweiligen Rastplätzen bereits mit frisch aufgebrühtem Kaffee. Darüber

hinaus entstanden entlang der Karawanenrouten zahllose kleine Kaffeehütten, an denen die Händler eine willkommene Rast auf ihrer anstrengenden Reise einlegen konnten.

Eine anschauliche Beschreibung dieser Kaffeegewohnheiten liefert der Reisebericht von Carsten Niebuhr. Der Gelehrte war 1761 mit einer königlich-dänischen Expedition zu einer Forschungsreise in den Orient aufgebrochen, die in einem Desaster endete. Als einziger Überlebender kehrte Carsten Niebuhr sieben Jahre später wieder nach Europa zurück und wusste zu berichten: »Ich will nun allen denen, die eine Reise durch die Wüste machen wollen, mitteilen, was man dazu braucht: Zwei Töpfe mit Deckeln, ein paar Schüsseln und Teller, eine Kaffeekanne, alles aus Kupfer und verzinnt. Eine hölzerne Büchse, in der sich, in verschiedenen Abteilungen Salz, Pfeffer und Gewürze befinden, anstatt eines Tischtuches ein rundes Stück Leder, das man an den Sattel hängt, eine Büchse mit Wachslichtern, eine Wasserkruke aus dickem Leder und ein kupfernes, verzinntes Trinkgefäß, Branntwein, den man ins Trinkwasser schüttet, was der Gesundheit zuträglich ist; Reis, geschmolzene Butter, die in einer ledernen Kruke aufbewahrt wird, Zwieback, Mehl, getrocknete Früchte, gedörrtes Fleisch und Kaffee ...« (Carsten Niebuhr, Entdeckungen im Orient, 1763).

Nach Europa drang in den ersten Jahrhunderten der »Kaffee-Ära« nur wenig Kunde über das schwarze Getränk. Selbstverständlich kannten es die Seeleute aus den Häfen des Orients, doch

> »In unserer Gesellschaft befand sich auch ein Kaffeewirt, ein Türke, der schon achtmal Karawanen nach Mekka begleitet hatte. War der Weg sicher, ritt er voraus, kochte bei einer Brücke oder einer Quelle Kaffee, und wenn wir ihn eingeholt hatten, konnten wir bei ihm ein Schälchen Kaffee trinken.«
>
> Carsten Niebuhr (1733–1815),
> Entdeckungen im Orient, 1763

So sah ein Sultan im
18. Jahrhundert aus, seine
Macht war unbegrenzt, doch
den Kaffeegenuss ließen
sich seine Untertanen nicht
verbieten.

**Die Transportbedingungen
für Kaffee** waren zurzeit der Segel-
schiffe kaum optimal; er lagerte über
viele Wochen im Laderaum voller
Ungeziefer, feucht von der Bilge.
Transportschiffe beim Entladen.
(Ölbild, Holland, Mitte 19. Jhdt.).

hinterließen sie keine Aufzeichnungen. Für Europäer erstmals schriftlich beschrieben wird die Kaffeepflanze 1582 in den ausführlichen Berichten des deutschen Arztes und Botanikers Leonhard Rauwolf, der 1573 bis 1576 das Morgenland bereiste. Die erste Abbildung der Pflanze veröffentlichte sein italienischer Zeitgenosse, Prosper Alpinus (1553–1617), Professor für Botanik in Padua. Der mittlerweile auch enormen sozialen Bedeutung des Kaffeetrinkens in Asien und Nordafrika war man sich in Europa nicht bewusst. Als die ersten gebildeten Reisenden begeistert von Kaffeehäusern und Kaffeehütten, die bisweilen mitten in der Wüste standen, und dem dort angebotenen Getränk berichteten, nahm man dies lediglich zur Kenntnis. Aber die europäischen Händler blickten über den Rand ihrer Bier- und Weingläser hinweg und erkannten den Handelswert des Kaffees auch außerhalb Europas. Aus dem Tagebuch des Nürnberger Matrosen Sigmund Wurffbain von 1686 wissen wir, dass europäische Handelsschiffe Kaffee in Säcken vom Jemen nach Kalkutta transportierten.

In Europa dauerte es etwas länger, bis Kaffee als Alltagsgetränk seinen festen Platz eroberte. Ende des 16. Jahrhunderts waren Kaffeebohnen und das Getränk Kaffee schon in Venedig bekannt, doch galten die Produkte der Kaffeepflanze lange Zeit als Heil-, und

> »Endlich hat uns der Trank von den Ufern des Orients erreicht, der Mokka, dessen Duft sich überall ausbreitet, kostet dieses Getränk mit großem Genuss, und Euer Mahl wird eine wahre Freude sein bis zum Schluss.«
>
> Papst Leo XIII. (1810–1903)

nicht als Genussmittel. In den folgenden Jahrzehnten sollte sich dies jedoch ändern. Im fernen Vatikan war Papst Clemens VIII. (1592–1605) vom Kaffee so beeindruckt, dass er meinte, der Kaffee solle getauft werden, um ihn zu einem wirklich christlichen Getränk zu machen. Und spätestens in der zweiten Hälfte des 17. Jahrhunderts war der Kaffee in der venezianischen Gesellschaft und bei den Händlern, die dort aus aller Welt ankamen, so beliebt, dass eine regelrechte Kaffeemanie um sich griff. Von der Dogenstadt, vor allem jedoch von den Häfen der Levante gelangte der Kaffee ab dem 17. Jahrhundert in viele europäische Häfen und in der Folge in die Städte des Inlands – nach Marseille und Paris, London und Oxford, Amsterdam, Bremen, Hamburg und sogar Oslo. Die Ladelisten der großen Schiffe jener Zeit verraten uns, von woher der Kaffee seinen immer schneller werdenden Siegeszug in Europa antrat. Das von Bier, Wein, Gin und anderen harten Spirituosen alkoholgebeutelte England des 17. Jahrhunderts ernüchterte der Kaffee wahrscheinlich ab 1652. Auch hier galt er zuerst als Arznei, wurde jedoch schon bald als Genussmittel und auch wegen seiner »entrauschenden« Wirkung hoch geschätzt. Bis der Tee ab etwa 1730 zum Nationalgetränk avancierte, war ab dem späten 17. Jahrhundert auf der Insel der Kaffee das beliebteste Getränk.

Auch in Frankreich war Kaffee ab Mitte des 17. Jahrhunderts in geringen Mengen als Arznei erhältlich, 1669 wurde das orientalische Getränk vom Gesandten des Osmanischen Reiches

Ob Kaffee oder der weitverbreitete Kaffeeersatz, beides wurde intensiv und wirksam mit aufwendigen Emailschildern beworben, heute gesuchte Sammelobjekte.

am Hof des Sonnenkönigs Ludwig XIV. vorgestellt – mit durchschlagendem Erfolg. Zwar war der Monarch selbst vom Kaffee nicht überzeugt, doch gelang es dem osmanischen Gesandten, den französischen Adel mit seiner orientalischen Gastfreundschaft zu bezaubern – und mit seinem süß gezuckerten Kaffee, der zum Modegetränk wurde. In Deutschland konnte der Kaffee erst ab dem 18. Jahrhundert begeistern, zu bierselig war man dort noch in den unzähligen kleinen Fürstentümern. Ein früher Kaffeeliebhaber, der seinem Volk jedoch (auch aus steuerlichen Gründen) den Genuss verbot, war Friedrich der Große, der sogar sein eigenes Kaffeerezept kreierte. In frisch gebrühten Kaffee mischte er heißen Champagner und eine Prise frisch gemahlenen Pfeffer. Außerdem wurde in seinem Tabakkollegium so viel geraucht, dass die Bediensteten sich bücken mussten, um unter den dichten Qualmwolken den versammelten Ministern den Kaffee servieren zu können. Kaffee war aber auch ein Getränk der »Klassiker«: Im 18. Jahrhundert eroberte er Deutschland mithilfe der Kaffee trinkenden Intelligenz und der Künstler in Leipzig und Weimar. Und in Übersee? Nach der Boston Tea Party 1776 war Tee zum Getränk »non gratus« abgestiegen, und der Kaffee avancierte zum schwarzen Sud der Freiheit und Demokratie. Mit den Eroberern, Glücksrittern und Siedlern rückte er treu gen Westen und bis in die letzten Winkel des Kontinents vor – oder gibt es einen Western, in dem die Cowboys am abendlichen Lagerfeuer Tee trinken?

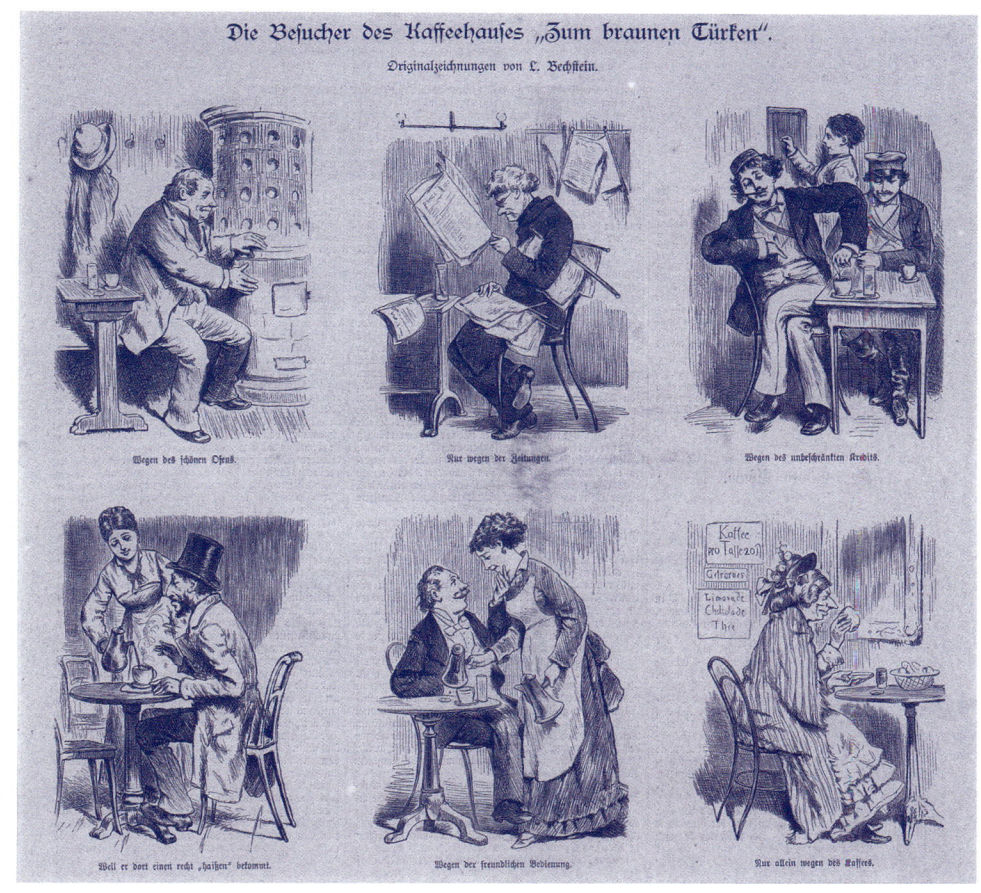

Die Besucher des Kaffeehauses „Zum braunen Türken“.
Originalzeichnungen von L. Bechstein.

Charmante Aufzählung
der wesentlichen Argumente,
ein Kaffeehaus zu besuchen.

Das Kaffeehaus war bis in die 1960er Jahre der ideale, inspirierende, manchmal konspirative Aufenthaltsort für Vertreter aller Kunstgattungen. Hier die Karikatur einer typischen Szene in einem österreichischen Kaffeehaus.

DER KAFFEE
WIRD VOLKSGETRÄNK

DAS BÜRGERTUM
WIRD NÜCHTERN

Doch erstaunt bei all dem, wie schnell so viele Menschen teuren Kaffee tranken, denn der Geschmack kann in der Regel – vorsichtig gesagt – nicht gut gewesen sein. Bis er zu den Verbrauchern kam, hatte der Kaffee eine wochen- oder monatelange Reise in einem bauchigen Holzschiff neben anderen, möglicherweise geruchsintensiven Waren hinter sich, war feucht von der Bilge im Kielbereich und verunreinigt durch Schimmel und Schädlinge. Wenn er dann über offenem Feuer mehr oder minder dunkel geröstet, kleingemahlen und mit kochendem Wasser übergossen worden war, mag zwar die Wirkung phänomenal gewesen sein – das Aroma aber sicher nicht.

Diese Vermutung bestätigen viele Berichte aus jenen ersten Kaffeezeiten. Überliefert ist etwa die Reaktion einer frühen Abgesandten der deutschen »yellow press«, Liselotte von der Pfalz. Die Schwägerin des Sonnenkönigs Ludwig XIV. schrieb nach einem ersten Kaffeetest in einem ihrer berühmten Briefe nach Hause, dass dieses Getränk gar abscheulich nach Ruß und Asche schmecke – da lobe sie doch ihre morgendliche Biersuppe … Diese morgendliche Biersuppe war auch für das restliche Volk der Start in den Tag – man kann wohl durchaus behaupten, dass der ganze Kontinent bis weit in die Neuzeit durchgehend mehr oder weniger stark alkoholisiert war. In

> »Die beste Methode, das Leben angenehm zu verbringen, ist, guten Kaffee zu trinken. Wenn man keinen haben kann, so soll man versuchen, so heiter und gelassen zu sein, als hätte man guten Kaffee getrunken.«
>
> Jonathan Swift (1665–1745)

diesem Zeitraum folgte ein Krieg dem anderen, über viele Jahre schlechte Ernten, Hungersnöte, Glaubenswirren – kurz, es waren finstere Jahrhunderte. Sicher half der Alkohol besonders der Unterschicht die tägliche Not zu dämpfen und die stupide Eintönigkeit ihrer Alltagswelt zu ertragen.

Wenn es denn nicht der Geschmack war, so war es also wohl die stimulierende Wirkung des Kaffees, durch die er den alkoholischen Getränken, die bislang die Kehlen der Europäer befeuchteten, die Vorrangstellung streitig machte. Bei allen Völkern, die zu Kaffeetrinkern wurden, verbreitete sich der schwarze Sud vor allem im gehobenen Bürgertum, unter Beamten, Ärzten, Anwälten und Kaufleuten – Menschen, die bei ihren sitzenden Tätigkeiten die ausnüchternde, sicher aber auch die stimulierende Wirkung zu schätzen wussten oder gar benötigten. Später machten sich auch weitere Schichten diesen Effekt zu eigen, wie der britische Autor James Howell 1660 berichtet: »Es ist erwiesen, dass Kaffee die Völker nüchtern macht, während Handwerker und Kaufmannsgehilfen früher Ale, Bier und Wein als Morgentrunk genossen, sich dadurch einen dumpfen Kopf holten

Eine Gastronomiemaschine aus Portugal, Mitte des 19. Jahrhunderts. Man heizte mittels eines Kohlebeckens das Wasser im rechten Behälter, zapfte es ab und goss es über das Kaffeemehl im Baumwollstrumpf im linken Behälter. Beide Behälter wurden im Wasserbad warmgehalten.

Für das Bürgertum im Frankreich des 19. Jahrhunderts war die Tasse Kaffee fester Bestandteil des Alltags.

L'AMATEUR DE CAFÉ.

Imp. d'Aubert & Cie

und zu ernsthaften Gesprächen unfähig wurden, haben sie sich jetzt an diesen wach machenden bürgerlichen Trank gewöhnt.«

Vielleicht waren es auch die höheren Ansprüche an den bislang häufig unbefriedigenden Geschmack, dass man besonders in England, Frankreich und Deutschland schon früh versuchte, mithilfe einer großen Zahl von technischen Ideen und Geräten das Aroma des Kaffees zu verbessern.

Zunächst entwickelte man verschiedene Methoden der Filtertechnik, um den Kaffeesatz aus den Kaffeetassen zu verbannen, später wurden zahllose Varianten ausprobiert, um aus dem Kaffeemehl einen besseren Extrakt gewinnen zu können.

Doch der eigentliche Durchbruch in der Kaffeebereitung ging mit der Industrialisierung in Europa einher. Als in England mit der zunehmenden Mechanisierung durch die Dampfmaschine Anfang des 19. Jahrhunderts die industrielle Revolution begann, schlug die Stunde des Kaffees für die »kleinen Leute«. Die veränderten Arbeitsbedingungen in den Fabriken erforderten den ständigen Einsatz des schwarzen Muntermachers. Die monotone, anstrengende Arbeit an den Maschinen war gefährlich und verlangte eine hohe, gleichbleibende Konzentration. Die Zahl der Verletzungen und Todesfälle durch Übermüdung nahm

> »Zum Frühstück nahm er Kaffee, den er sich meist in der Glasmaschine bereitet hat. Kaffee scheint sein unentbehrlichstes Nahrungsmittel gewesen zu sein, womit er denn auch so skrupulös verfuhr, wie von den Orientalen bekannt. Sechzig Bohnen wurden für eine Tasse gerechnet und oft abgezählt, besonders wenn Gäste anwesend waren.«
>
> Anton Felix Schindler (1795–1864), Biographie von Ludwig van Beethoven, 1840

ein derart bedrohliches Maß an, dass man in den Fabriken den teuren Kaffee verabreichte, um Unfällen vorzubeugen – dies rechnete sich besser, als Friedhöfe neben den Fabriken anzulegen und Witwen- und Waisenrenten zu zahlen. Um 1850 ist das Kaffeegetränk in Deutschland endgültig zum Volksgetränk geworden: Der Bürger trinkt ihn am Morgen, bei den ärmeren Schichten ist er Universalmahlzeit von früh bis spät. Den anregenden Trunk verlängerten die Männer gerne mit ihrem gewohnten Brandy, die Frauen mit Milch. In Frankreich und Deutschland verlief die Entwicklung ähnlich. Und als Ende des 20. Jahrhunderts zunächst Japan, dann die sogenannten Tigerstaaten und zuletzt Indien und China gewaltige Industrien aufbauten, nahm der Kaffeekonsum auch in diesen »klassischen« Teeländern stetig zu.

Offensichtlich durchlief der Kaffeegenuss in den verschiedenen Erdregionen eine sehr ähnliche Entwicklung: Zuerst probierten ihn die Mächtigen, die ihn zwar nicht mochten, aber schnell die Wirkung auf das allgemeine Wohlbefinden schätzten. Dann tranken ihn die Kaufleute und das gebildete Bürgertum, die vor allem die Anregung ihrer geistigen Energien schätzten. Und dann erst trank das Volk.

Die morgendliche Kaffeezubereitung
war aufwendig: Rohkaffee bzw. Ersatzsubstanzen wie Getreidekörner mussten geröstet und gemahlen, dann mit kochendem Wasser aufgegossen und gefiltert werden; der Zeitaufwand betrug mehr als eine halbe Stunde.

Typisch für dieses einfache
orientalische Kaffeehaus ist
die Öffnung zur Straßenseite hin.

DIE ERSTEN KAFFEEHÄUSER

ZENTREN KULTURELLER ENTWICKLUNG UND ORTE DES VERGNÜGENS

Hecken diese Herren einen Umsturz aus?
Die osmanischen Sultane hielten die Kaffeehäuser für Keimstätten des politschen Aufruhrs.

DIE ORIENTALISCHEN KAFFEEHÄUSER

Mit der Verbreitung des Kaffees entstanden schnell öffentliche Räume, in denen er getrunken werden konnte: die Kaffeehäuser. Diese entsprachen jedoch lange Zeit einer reinen Männerkultur, von der die Frauen ausgeschlossen waren. Die weibliche Kaffeewelt entwickelte sich anders, wie der französische Botaniker Joseph Pitton de Tournefort 1701 aus Konstantinopel zu berichten weiß: »Um sie auf angenehme Weise in ihren Häusern zurückzuhalten, bauen sie Bäder ein und lassen die Frauen sich amüsieren mit Caffé trinken.« Und auch die europäischen Frauen trinken später den Kaffee zu Hause und entwickeln ihre eigene Kaffeekultur mit »Kaffeekränzchen« und »Kaffeeklatsch«.

Die erste uns bekannte Beschreibung eines Kaffeehauses stammt von dem portugiesischen Kartografen Pedro Teixeira 1604, der vom ungezwungenen Kaffeegenuss in einem Kaffeehaus in Bagdad begeistert berichtet. »Die Kaffeehäuser (casas de Kaoàh) sind gut gebaut und mit vielen Lampen geschmückt, denn der größte Betrieb herrscht hier am Abend, aber auch am Tag ist dort recht viel los.«

Im Orient begann der Kaffeeausschank zunächst auf der Straße. Dort verschmolz der Berufsstand der Wasser- und Limonadenverkäufer bald mit dem der besser verdienenden Kaffeeanbieter. Noch im 19. Jahrhundert sind dort die Kaffeeverkäufer in den Straßen anzutreffen. Parallel dazu entstanden, ebenfalls sehr früh, feste Ausschänken, die in einfachen Zelten, Bretterbuden oder Räumen untergebracht wurden. Nach heutigem Wissen wurden die ersten Kaffeeschänken, »Kave Kanes«, 1511 in Mekka, in der Folge in anderen religiösen Zentren eröffnet.

Sei es, um den Zugang zu erleichtern, sei es, weil sich viele Menschen in einem geschlossenen Raum in einem heißen Land nicht lange aufhalten können – sehr früh wurde die Wand zur Straße geöffnet. Ob in Isfahan, Basra, Alexandria, Kairo, Mekka oder Konstantinopel: Die Hausfront wird zur Straße hin entfernt und meist durch Stoffsegel gegen die Sonneneinstrahlung geschützt.

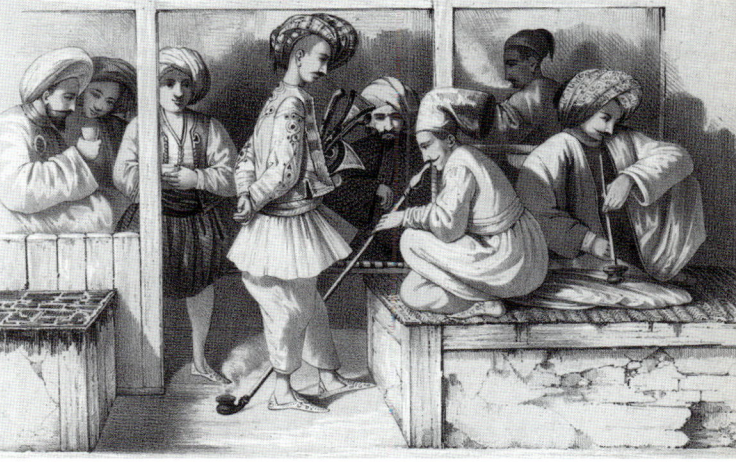

Eine frühe Darstellung eines Kaffeehauses
in Konstantinopel. Sehr einfache, ja spartanische Einrichtung genügte, bei Kaffee und Tabak ließ es sich unter Männern wunderbar parlieren.

Das Angebot in diesen Schänken blieb begrenzt, beschränkte sich außer auf Kaffee meist auf Tee, Limonaden und Säfte, seltener Alkohol.

Die Kaffeehäuser entwickelten sich schnell zu beliebten Treffpunkten und idealen Nachrichtenbörsen, zu öffentlichen Plätzen, in denen man sang, Geschichten erzählte oder sich einfach unterhalten konnte. Später traten auch bezahlte Musikanten, professionelle Geschichtenerzähler und Schattentheaterspieler (Karagöz) auf, die die orientalische Volkskunst und -literatur ent-

> »Es gibt verschiedene öffentliche Kaffeehäuser, wo man in großen Kesseln Kaffee kocht. Dorthin kann jedermann gehen, ohne Unterschied der Religion und des Standes, und es ist nicht unschicklich, auch wenn es nur zur Unterhaltung ist.«
>
> Jean de Thévenot (1633–1667), französischer Orientreisender, Paris 1665

**Eine Münchner Kaffee-
küche** am Viktualienmarkt. Hier
konnten sich die Marktweiber bei
einer Tasse Kaffee aufwärmen
und endlich ein wenig sitzen.
(Mitte 19. Jhdt.)

scheidend prägten und deren Tradition bis in die Mitte des letzten Jahrhunderts gepflegt wurde. Viel Licht verlängerte den Tag, man konnte das Treiben auf der Straße beobachten und zwanglos den Gesprächspartner wechseln. Schon bald wurden sie den Herrschenden ein Dorn im Auge, boten sie doch Möglichkeit zu Versammlungen und zur politischen Meinungsäußerung. Nicht umsonst hießen die Kaffeehäuser auch »Schulen der Erkenntnis«. So kam es denn, dass die herrschenden osmanischen Sultane in den Kaffeehäusern Spione einsetzten und sie sogar aus Angst vor Umsturzversuchen verboten, etwa Murad III. (Regierungszeit 1574–1595) und Murad IV. (Regierungszeit 1623–1640). Doch das Volk reagierte darauf mit Aufständen, denen die Herrschenden nachgeben mussten. Die orientalischen Kaffeehäuser waren

> »Das Café ist das Parlament des Volkes.«
>
> Honoré de Balzac (1799–1850), französischer Schriftsteller

äußerst zweckdienlich eingerichtet: Auf Bodenkissen, niedrigen Sitzmauern oder Holzbänken (minder) und Stühlen an zusammenklappbaren Tischen mit großem Metalltablett, auf dem der Kaffee serviert wurde, konnte man sich stundenlang rauchend aufhalten. Von den ersten Kaffeehäusern gibt es nur sehr wenige Abbildungen, in ihrer Urform blieben sie aber bis weit in das 19. Jahrhundert als Zentrum der dörflichen oder kleinstädtischen Gemeinschaft mit vielen sozialen Aufgaben in Serbien, Kroatien und Ostanatolien erhalten.

Die Zubereitung des Kaffees lief in den Kaffeehäusern nach ähnlichen Regeln ab. Eine zentrale Feuerstelle lieferte ständig heißes Wasser, die Kaffeebohnen wurden vor Ort geröstet und gestampft – Mühlen gab es noch nicht. Um ein möglichst starkes Konzentrat zu erhalten, stampfte man die gerösteten Bohnen staubfein. Das Kaffeemehl wurde mit heißem Wasser aufgegossen, eventuell mit Honig gesüßt und so schnell wie möglich in kleinen Mengen getrunken, wie es im Süden heute noch in den Kaffeehäusern im Libanon, im Irak oder in Syrien außerhalb der Metropolen üblich ist.

DIE ERSTEN KAFFEEHÄUSER IN EUROPA

Die ersten europäischen Kaffeehäuser waren zunächst schlicht eingerichtete, schmucklose Räume, an denen man den Unbilden des nördlichen Wetters nicht ausgesetzt war. Oft änderten einfache Gasthäuser einfach ihren Geschäftszweck und Namen und wurden so zu Kaffeehäusern. Die Eröffnung der ersten Kaffeehäuser oder Ausschankstellen spiegeln die Akzeptanz des Kaffees in der Öffentlichkeit: Bevor 1647 in Venedig, 1650 in Oxford, 1652 in London, 1671 in Marseille, 1672 in Paris, 1673 in Bremen, 1677 in Hamburg das erste Kaffeehaus eröffnet wurde, war Kaffee in der weiteren Bevölkerung schon beliebt. Und in Wien? Dort entstand erst 1685 das erste Kaffeehaus, und leider muss an dieser Stelle eine gerne kolportierte Legende

Ein elegantes Etablissement
der 1930er Jahre mit ausstaffierten Bedienerinnen, einem Prunkstück von Kaffee-Dampfmaschine und wohlbedresstem Conducteur.

Typisches Kaffeehaus in einer orientalischen Hafenstadt. Der Gastraum befand sich meist im ersten Stock, die Luft war besser und die Aussicht auch.

Türkisches Kaffeehaus am Bosporus. Weit überkragende Dächer sorgten für Schatten, so konnte man von der Terrasse aus die vorüberziehenden Schiffe beobachten.

zerstört werden. In nahezu allen bisherigen Veröffentlichungen über die Geschichte der Verbreitung des Kaffees in Europa war es ein heldenhafter Herr Kolschitzky, der kurz bevor die Türken vor Wien nach Monaten Belagerung ihren entscheidenden Angriff auf die Stadt ausführen wollten, nachts die feindlichen Linien ausspionierte und damit wesentlich zum Entsatz von Wien beitrug. Vielleicht hatte er tatsächlich die 40, manche schreiben gar 400 Sack Kaffee, die die Türken auf der Flucht zurücklassen mussten, als Belohnung erhalten und damit auch ein Kaffeehaus namens »Zur blauen Flasche« eröffnet. Aber eben nicht das erste. Tatsächlich soll er lange Zeit in den Straßen Wiens mit Kannen und Tassen Kaffee ausgeschenkt und seine Geschichte erzählt haben. Er starb mit 54 Jahren und wurde »unter kleinem Geläut«, also arm, begraben.

> »Drei Kaffee, rief der Kellner mit der ihm eigenen Autorität, als er uns sah. Da zu dieser Stunde niemand außer ihm im Lokal und in der Küche war, antwortete er sich selbst mit ›Jawohl‹ und brachte uns drei Kaffee, das heißt für drei Sous einen köstlichen, balsamischen und mäßig gesüßten Kaffee, der recht schnell verschwand, ebenso wie zwei Brötchen, die in einem geflochtenen Korb gebracht wurden.«
>
> Alphonse Daudet (1840–1897), Dreißig Jahre Paris, 1887

Heute wissen wir, dass es ein Armenier namens Johannes Diodato war, der im Hachenbergschen Haus in der Rotenturmgasse 14 ab dem 17. Januar 1685 Kaffee ausschenken durfte. Die Kaffeekultur in Wien beginnt also mit Owanes Astouatzatur, wie Diodato wirklich hieß. Seine ersten Kunden waren wohl die zahlreichen Levantiner, Armenier und ein paar neugierige Wiener, die den »Türkischen« aus flachen Schalen probierten. Sein Privileg, als Einziger Kaffee ausschenken zu dürfen, konnte er zu seiner Enttäuschung nicht lange behalten.

Das Kaffeehaus entwickelte sich in Europa jedoch bald weiter zu einer kulturellen Institution mit typisch europäischem Gepräge. Wer es sich leisten konnte, besuchte am Sonntag mit Kind und Kegel ein einfaches Kaffeehaus oder zog bei schönem Wetter in einen der Kaffeegärten auf dem Lande, die zwischen dem 17. und 19. Jahrhundert von Wien bis Leipzig äußerst beliebt waren und über 10 000 Plätze bieten konnten. Wohlhabende kauften sich frischen Kaffee an Buden, ärmere große Familien nur das heiße Wasser und brühten ihren mitgebrachten Ersatzkaffee selbst auf.

In Wien wie in anderen Metropolen entstanden außerdem prächtige, gesellschaftlich bedeutende »Kaffeetempel«, in denen Musik gespielt, geflirtet, politisiert oder einfach nur beim Kaffee geplaudert wurde.

Anfang des 19. Jahrhunderts bildeten die Grand Cafés in den Grand Hotels, die mit der beginnenden bürgerlichen Reisewelle entstanden waren, das Nonplusultra. In diesen Luxuscafés servierte bestens ausgebildetes Personal zu jeder Tageszeit warme Küche, und vor allem hatte man direkten Zugang zur Welt der Reichen und Mächtigen. Die Entwicklung markiert gleichzeitig das Ende des klassischen reich ausgestatteten Kaffeehauses. Sie waren, wie wir heute sagen würden, einfach überinvestiert. Und die Konkurrenz war groß.

Ceylon war einst eine Kaffee-insel. Ende des 19. Jahrhunderts vernichtete die Rotfäule, ein Pilzbefall, alle Pflanzungen, die dann durch Tee-pflanzen ersetzt wurden. Nicht zum Nachteil, denn Ceylontee gilt heute als einer der besten Tees weltweit.

KAFFEEWIRTSCHAFT UND KOLONIALISIERUNG

DIE BRAUNE BOHNE EROBERT DIE MÄRKTE

Die rasante Ausbreitung der Anbauregionen und -flächen war einer enorm steigenden Nachfrage in Europa und Asien geschuldet. Wurden im Jahr 1670 in den Häfen der Welt noch 100 000 Sack Kaffee à 60 Kilogramm abgesetzt, waren es 1750 bereits 600 000 und 1850 gar vier Millionen. Hundert Jahre später wurden auf den Kaffeebörsen der Welt bereits 36 Millionen umgesetzt; inzwischen (2007) sind es fast viermal so viel, nämlich über 120 Millionen Sack. Die Europäer hatten also von Anfang an den Handelswert der braunen Bohnen richtig erkannt: Innerhalb von vier Jahrhunderten nahm die Zahl derer, die Kaffee in immer größeren Mengen tranken, stetig und rasant zu.

Der Preis, den die Bevölkerung in den Anbauländern für den wachsenden Kaffeeanbau zahlen musste, war jedoch hoch. Kaffee war ein typisches Produkt der europäischen Eroberung und Kolonialisierung des afrikanischen, asiatischen und amerikanischen Kontinents und mit der Ausbeutung vieler Menschen verbunden. Auf den Plantagen schufteten einheimische Zwangsarbeiter und in Amerika Sklaven, die aus Afrika verschleppt worden waren, unter härtesten Bedingungen. In vielen Gebieten zerstörten die riesigen Monokulturen wertvolle Anbauflächen für andere Nutzpflanzen. Im 19. Jahrhundert war Kaffee zu einem der wichtigsten Welthandelsprodukte aufgestiegen und hatte eine ganze Industrie begründet. Doch die Folgen der kolonialen Wirtschaftspolitik, die nicht nur den Kaffee, sondern auch andere Agrarprodukte und Rohstoffe betrafen, sind noch immer zu spüren: Bis heute gehören viele Länder, die von der Kaffeeproduktion abhängig sind und einst europäische Kolonien waren, zu den armen Ländern dieser Welt; auch die Umwelt drohte dauerhaft Schaden zu nehmen. Erst im späteren 20. Jahrhundert begann man, dies als ernstes Problem zu begreifen und nach Lösungen zu suchen.

Ein berühmtes Kaffeehaus in Aleppo, Syrien, 1912.

DIE AUSBREITUNG DES KAFFEEANBAUS ÜBER DIE WELT

Bis Mitte des 17. Jahrhunderts: Arabisches Monopol, Anbau in Äthiopien und im Jemen

1500	Mögliche Ausnahme von der Regel: Sri Lanka. Vielleicht wurde dort schon ab 1500 von Indern Kaffee angebaut.
1600	Anbau in Südindien
1648	Nachgewiesener Kaffeeanbau auf Sri Lanka durch Niederländer
1699	Der niederländische Kaffeeanbau erstreckt sich auch auf Java.
1723	Frankreich beginnt mit dem Kaffeeanbau im großen Stil auf Martinique durch Gabriel-Mathieu de Clieu.
1723	In Brasilien läuten die Portugiesen die Kaffeeära ein.
1740	Auf den Philippinen führen die Spanier Kaffeepflanzen ein.
1875	Auch Guatemala wird durch die Spanier zum Kaffeeland.
19./20. Jahrhundert:	In diversen afrikanischen Ländern wird der Kaffee durch die Europäer rekultiviert.

DIE ERSTEN KAFFEEHÄUSER IN EUROPA

1554	Konstantinopel »Kiva Han« durch Schems und Kekin
1647	Venedig »bottega del caffè«, 1720 »Café Florian«, Floriano Francesconi
1650	Oxford »Cirquis Jobson«, Jacob
1652	London, »Virginia Coffee-House«, Mr. Hodges, St. Michaels Alley erstmalig erwähnt
1671	Marseille, Jean de la Rocque
1673	Bremen, »Schütting«, Treffpunkt der Kaufleute
1677	Hamburg
1683	Wien, Johannes Diodato
1686	Nürnberg und Regensburg
1688	London, »Lloyd Coffeehouse«, Edward Lloyd, zuerst in der Londoner Tower Street, dann in der Lombard Street
1689	Frankfurt
1689/1702	Paris, »Café Procope«, Procopio dei Coltelli
1696	»The Kings Arms«, New York
1721	Berlin
1750	Rom »Caffè Greco«, Nicola di Maddalena

BERÜHMTE HISTORISCHE CAFÉS

LEGENDEN DER KAFFEEHAUSKULTUR

Im Café Slavia in Prag (Kavárna Slavia), 1884 eröffnet, tranken einst Rainer Maria Rilke, Franz Kafka und Max Brod ihren Kaffee.

»Ich konnte immer in ein Café gehen und schreiben und konnte den ganzen Vormittag bei einem Café Crème arbeiten, während die Kellner das Café säuberten und ausfegten und es nach und nach immer wärmer wurde ...«

Ernest Hemingway (1899–1961)

Um neue Kundengruppen zu erschließen und eine zahlungskräftige Kundschaft anzuziehen, begannen die Kaffeehausbesitzer mit der Zeit, in ihren Etablissements zahlreiche Attraktionen einzuführen. Es entstanden die edel ausgestatteten Luxuscafés, die für uns bis heute den Inbegriff der Kaffeehauskultur darstellen. Trendbestimmend war wieder Venedig, 1647 wurde dort das erste Kaffeehaus – *bottega del caffè* – eröffnet und mit Spiegeln – natürlich in der Lagunenstadt gefertigt – ausgestattet. Erstmals offiziell wurden nun auch die Damen in das Kaffeehaus eingeführt. Nun wurde das Kaffeehaus schnell zur idealen gesellschaftlichen Bühne. In Paris eröffnete der Sizilianer Procopio Cultelli 1686 das »Procope«, ein großes verspiegeltes Kaffeehaus mit teurem Mobiliar und Marmorplatten auf den Tischen! Ein weiteres berühmtes Kaffeehaus war das 1824 in Wien gegründete »Die Silberkammer«. Hier waren nicht nur Tassen und Kannen, sondern selbst die Türgriffe und alle erdenklichen Accessoires aus Silber. 1894 eröffnete in Budapest das heute renovierte Café New York. Zur Ausstattung des von dem berühmten Architekten Alajos Hauszmann entworfenen Cafés gehören gewaltige Marmorsäulen, vergoldete Zierspiegel, Fresken, schwere Vorhänge und große Glaskugellampen. Kaffeehäuser waren die ideale Bühne für männlichen Geltungsdrang, zogen aber nicht nur den Herrn Kommerzienrat und die Offizierswelt an, sondern auch oder

besonders Bohemiens, Schriftsteller, Politiker, Philosophen, Maler, Schauspieler und Tänzer/Innen – also die ganze Bandbreite der künstlerischen Zunft. Legionen von Schriftstellern, Philosophen, Malern, aber auch Verlegern und Kunsthändlern verbrachten oft ein halbes Leben im Kaffeehaus – teils um sich zu unterhalten, aber auch oft, um zu arbeiten. Sie bestimmten damit oft den wirtschaftlichen Erfolg, da sie meist ein Gefolge mit sich zogen. Wenn sie ihr Stammcafé wechselten, glich das einer Katastrophe. Besonders eindrücklich lässt sich das an den Wiener Kaffeehäusern und ihren »Promi-Gästen« nachvollziehen. Dort wurde Mozarts Lieblingskaffeehaus in der Refranogasse später nach ihm benannt, im Ersten Kaffeehaus am Prater kehrte Ludwig van Beethoven ein (dort fand auch 1814 die Uraufführung seines B-Dur-Trios statt). Im »Silbernen Kaffeehaus« war der Dichter Nikolaus Lenau zu Gast, im Kaffeehaus Bogner verkehrten der Maler Moritz von Schwind und der Komponist Franz Schubert und im »Griensteidl« die Schriftsteller Heinrich Laube und Ludwieg Anzengruber. Dort saß aber auch eine illustre Gruppe von Schriftstellern um Hermann Bahr, nämlich Arthur Schnitzler, Karl Kraus, Felix Salten, Richard Beer-Hoffmann und ein junger Bursche, der sich zunächst »Loris« und nach seinem Abitur Hugo von Hoffmannsthal nannte.

Während Egon Erwin Kisch überall einkehrte (»das Kaffeehaus erspart uns sozusagen eine Wohnung«), saßen die Dichter Peter Altenberg und Franz Werfel im Café Central, am Nebentisch

Stefan Zweig und Alfred Polgar. Hans Moser und Max Reinhardt bevorzugten das Café Landtmann, Gustav Mahler, Richard Wagner und Johannes Brahms das Café Imperial, Robert Musil, Thomas Mann und Richard Tauber das Café Zartl. Und nach dem Zweiten Weltkrieg wurde für Heimito von Doderer, Hilde Spiel, Friedrich Torberg, H.C. Artmann, Ernst Fuchs und viele Maler das Café Hawelka zur zweiten Heimat. Das Kaffeehausleben in Berlin, Budapest, Paris, London, Prag und anderen Metropolen war genauso hochkarätig besetzt.

Eine wichtige Rolle spielte in den Kaffeehäusern zudem die musikalische Unterhaltung, was zum Teil stilprägend wirkte. In Wien entwickelte sich eine eigene Tanzmusik mit Streichern, die so erfolgreich war, dass sie zur ständigen Einrichtung wurde – und in Paris entwickelte sich das »café chantant«. Zwischen 1789 und 1794 entstanden in den Cafés 3000 Chansons, zeitbedingt meist mit politischem Inhalt. Womöglich war es diese geistige Aura, die Pariser Cafés insbesondere in der ersten Hälfte des 20. Jahrhunderts für Schriftsteller und Philosophen so attraktiv machte: In »La Closerie des Lilas« schrieb Hemingway seinen Roman »Fiesta«, Jean-Paul Sartre und Simone de Beauvoir machten das Deux Magots und das Café Flore berühmt.

Das katalonische Design des legendären Els Quatre Gats in Barcelona erzählt dem Gast die Geschichte des Cafés, das seit 1900 als Künstler-Treffpunkt galt. Noch heute kann man dort nicht nur gut essen, sondern auch guten Kaffee trinken.

extra

GESUNDHEIT

GESUNDER GENUSS ODER LÄSSLICHES LASTER
EINE GESCHICHTE DES PRO UND CONTRA

Die Geschichte der (Vor-)Urteile hinsichtlich der gesundheitlichen Wirkung von Kaffee ist annähernd so alt wie die Geschichte des Kaffees überhaupt. Bereits als das dunkle Getränk den arabischen Raum eroberte, wurde die Diskussion kontrovers eröffnet. Ausgehend von der von Claudius Galen (130–200 v. Chr.) formulierten Säftetheorie, die später in der europäischen Medizin auch als Humoralpathologie oder Säftelehre bekannt wurde, waren sich die religiösen Führer lange nicht einig, ob Kaffee als »heiß und trocken, also sanguinisch, anregend« oder als »kalt und trocken, also melancholisch«, zu betrachten sei.

Die Osmanen meinten, er wirke erregend und verwirre den Geist, und Dawud el-Antaki, ein im 16. Jahrhundert berühmter Arzt mit dem Beinamen »der Blinde«, behauptete gar, Kaffeegenuss vernichte das sexuelle Verlangen. Antakis Auffassung wurde später von Edward Pocke in seinem Buch »The Nature of the Drink Kauhi or Coffee, and the Berry from which it is made« (Die Beschaffenheit des Getränks Kauhi oder Kaffee und der Beere, aus der er gemacht wird) zitiert und 1659 in Oxford veröffentlicht. Darauf wiederum berief sich 1663 der erste Frauenverein Englands in seiner Petitionsschrift an den König: »The Maidens' Complaint Against the Coffee House« (Beschwerde der Frauen gegen das Kaffeehaus), die vehement gegen den Konsum von Kaffee eintrat, da dieser das sexuelle Interesse ihrer Männer

Bei manchem Übel, das dem Kaffee nachgesagt wurde, war weniger der Kaffee als vielmehr das Kaffeehaus schuld.

an ihnen abtöte – was wohl weniger am Kaffee als vielmehr an der Lokalität und der dortigen Ansammlung von »unkeuschen Weibspersonen« lag ...

Doch viel älter ist die vielfach variierte arabische Legende um den Propheten Mohammed, der wie allen Legenden doch wohl ein wahrer Kern innewohnen mag. Nach dem Genuss von Kaffee habe sich der Prophet »stark genug« gefühlt, »um 40 Reiter aus dem Sattel zu heben und 50 Frauen zu beglücken.« Heute dürfte medizinisch erwiesen sein, dass Kaffee weder der Potenz noch der Fruchtbarkeit schadet. Auch erschreckende Folgen wie Schlaflosigkeit, Magersucht, ja Lepra, starke Kopfschmerzen und Hämorrhoiden, besonders in Verbindung mit Milch, wurden dem Kaffee angelastet. Was war richtig? Zunächst einmal, dass Kaffee aus vielerlei Gründen ein »politisches Getränk« war, und die ärztliche Warnung vor gesundheitlichen Schäden, sei es aus Überzeugung oder auf Bestellung, stets eine beliebte, wenn auch selten wirksame Methode war, die Menschen von etwas abzuhalten, was ihnen selbst Genuss und Wohlbefinden bescherte.

Dazu passt auch die Auffassung abendländischer Herrscher, der Untergang des Osmanischen Reiches hinge mit dem Kaffeekonsum zusammen, war doch nach christlichen Vorstellungen diese Welt von Harems, absoluten und brutalen Herrschern, missbrauchten Knaben, sexhungrigen Frauen – seit der

> **C - A - F - F - E - E**
> trink nicht zuviel Kaffee / Nicht für Kinder ist der Türkentrank / schwächt die Nerven, macht Dich blass und krank ./ Sei du kein Muselmann, der ihn nicht lassen kann.
> Karl Gottlieb Hering (1766 – 1853)

Ein Tässchen Kaffee schadet nicht, sondern tut Leib und Seele gut.

Zeit der Kreuzritter immer wieder gerne erzählt – eine Art Sodom und Gomorrha. Man kann sich auch heute noch gut vorstellen, dass die ersten Europäer dieses rabenschwarze und bittere Getränk, das aus einer Art Pflanzenkohle gewonnen wurde, mit Argwohn betrachteten. Der Generalverdacht, dass Kaffee gesundheitsschädlich sei, ließ sich über Jahrhunderte nicht auslöschen. Doch zahlreich sind auch die Gegenstimmen, die dem Kaffee viele positive Wirkungen auf die Gesundheit zuschreiben – und die mit Sicherheit auch auf Erfahrungswerten basierten. Grundlegend ist ein Text des italienischen Arztes und Botanikers Prosper Alpinus (1553–1617) aus dem Jahr 1592:

»Alle Ägypter wissen sehr gut, wie man aus diesen Körnern das Getränk zubereitet. ... Sie brauchen es zur Stärkung des Magens, als Hilfe für die Verdauung und gegen Verstopfung. ... Es wirkt sich auch sehr günstig aus auf die Gebärmutter und ist daher sehr beliebt bei den ägyptischen und arabischen Frauen, die davon während ihrer Monatsregel viel davon trinken, heiß und in kleinen Schlücken, um so den Blutfluss zu erleichtern. Auch beim Ausbleiben der Regel ist dieser Sud sehr hilfreich.«

1723 untersucht Richard Bradley, honoriges Mitglied der Royal Society, das in England bereits stark verbreitete Getränk. Er unterschied zwischen »Sultan's Kaffee«, der aus Schalen gekocht, und Kaffee, der aus gerösteten Bohnen gebrüht wurde. Er befand Sultan's Kaffee als »kalt und trocken«, Bohnenkaffee »leicht warm« und beschrieb die Wirkungen als verdauungsfördernd, blutreinigend, schweißunterdrückend sowie als vitalisierend, inspirierend, schlafhemmend und harntreibend.

In seinem Almanach von 1747 nimmt der berühmte schwedische Naturwissenschaftler Carl von Linné (1707–1778) ebenfalls viele Erkenntnisse vorweg, die heute durch unzählige Studien belegt sind: »Kaffee ist gut 1. für die, die sich schlecht disponiert nach starken Getränken fühlen, die sie tags zuvor genossen haben; 2. für die, die nach einem zu starken Mittagessen aufgedunsen sind; 3. für die, die gut essen, aber nicht arbeiten, wodurch sie sonst schweren Körpers werden, denn er macht einen munter und ein schläfriges Hirn wach; 4. für die, die von Migräne oder von Schmerzen im Hinterkopf geplagt werden, die zu gewissen Zeiten wiederkommen; 5. für die, die von Würmern geplagt werden; 6. für Frauenzimmer, die nicht ihre ordinäre Regel haben: 7. für die, die viel zu fett und korpulent sind und danach streben, mager zu werden; 8. bei einer Art Kolik sind ein paar Tassen ohne Zucker, rasch getrunken, oft ein promptes Heilmittel.«

Doch der Streit um das Für und Wider ging weiter, mal mehr, mal weniger

**Herkunft
und Röstung**
sind nicht nur für den
Geschmack bedeutend,
sondern auch für die
Bekömmlichkeit.

Samuel Hahnemann

»Dieses Getränk
verhindert Völlegefühl
und hilft dementspre-
chend gegen die
Schläfrigkeit.«

Jean de Thevenot, (1633-1667)
französischer Orientreisender

ideologisch, oft eher emotional als sachlich-wissenschaftlich begründet. Der Erfinder der Homöopathie, Samuel Hahnemann (1755–1843), lehnte den Kaffee 1803 generell wegen seiner »arzneylichen und reizenden Bestandteile« ab und schrieb einen Entwöhnungsplan für Kaffeesüchtige mit deutlich verhaltenstheoretischem Ansatz. Er musste übrigens 1821 die Kaffeestadt Leipzig verlassen, weil er sich als Kaffeegegner mit den Apothekern angelegt hatte – zu dieser Zeit war Kaffee ausschließlich in der Apotheke zu kaufen! Nach Hahnemanns Tod warb ein Hersteller mit einer Empfehlung des Homöopaten für seinen Gesundheitskaffee.

Noch hundert Jahre später veröffentlichte Dr. W. Röttger ein Buch in Berlin: »Luxus oder Gift – Gedanken über Kaffee und Tee« und beschrieb darin den Genuss von Arabica und Liberica als für junge Menschen harmlos, aber als heimlichen Feind der Gesundheit. Immerhin schloss er weit-

sichtig: »Man könnte Bibliotheken füllen mit Für und Wider Kaffee, Koffein und Tee.«

Das 19. Jahrhundert war gekennzeichnet von stark wachsendem Kaffeekonsum in ganz Europa, während in Mitteleuropa zugleich Herstellung und Konsum von Ersatzkaffees boomte. Als Feind Nummer eins brandmarkte die Kontraseite: Koffein. Daher überrascht nicht, dass Anfang des 20. Jahrhunderts das erste entkoffeinierte Kaffeeprodukt auf den Markt kam: 1906 meldete Dr. Ludwig Roselius sein Entkoffeinierungsverfahren zum Patent an, und Kaffee HAG begann seinen Siegeszug.

Viele der negativen Urteile über Kaffee wurden in den darauffolgenden Jahrzehnten widerlegt bzw. durch Verbesserungen im Herstellungsverfahren und bei der Zubereitung aus dem Weg geräumt. Viele positive Eigenschaften und Wirkungsweisen präventiver und therapeutischer Art, die sich unsere Vorfahren schon vor über tausend Jahren zunutze gemacht hatten, konnten in zahlreichen wissenschaftlichen Untersuchungen, teils im Labor, teils in Langzeitstudien, nachgewiesen, also bestätigt werden.

Noch bis zum Beginn des 21. Jahrhunderts sollte es dauern, bis noch zwei weitere gewichtige, medizinisch begründete Warnungen widerlegt oder relativiert werden konnten: zum einen, dass Kaffee dehydriere, das heißt dem Körper mehr Flüssigkeit entziehe als zuführe, und zum anderen, dass Menschen mit Bluthochdruck gänzlich auf ihn verzichten müssten. Ersteres stimmt nicht, denn Kaffee wirkt zwar, zumal bei

Menschen, die nicht regelmäßig Kaffee trinken, harntreibend, doch verlieren sie nicht mehr Flüssigkeit, als sie aufgenommen haben; Kaffee darf also bei der Bilanz der täglichen Flüssigkeitsaufnahme mitgezählt werden. Die zweite Warnung gilt nur eingeschränkt; bei Menschen mit Bluthochdruck, die nur selten Kaffee trinken, erhöht dieser zwar vorübergehend den Blutdruck, doch bei regelmäßigem und maßvollem Kaffeegenuss (zwei Tassen täglich) hat Kaffee auf den Blutdruck keine negative Auswirkung.

Seitdem der Apotheker Friedlieb Ferdinand Runge 1820 im Kaffee erstmals das Koffein isolieren konnte, wurden bis heute mehr als 1000 Inhaltsstoffe bestimmt.

Der Stoff, der den Kaffee berühmt, begehrt und immer wieder »berüchtigt« gemacht hat, ist und bleibt freilich vorerst das Koffein. Es ist ein Alkaloid, eine stickstoffhaltige Verbindung, die bei der Photosynthese bestimmter Pflanzen entsteht und auch in Tee, Guarana, Mate, Kakao, Kolanüssen und in über 60 anderen Pflanzen vorkommt, doch im Kaffee eine einzigartige Wirkung entfaltet.

In der Pharmazie ist Koffein die weltweit am häufigsten eingesetzte Substanz. Man verwendet sie als Additiv, als Wirkungsergänzung bzw. zur Unterstützung; es wird bevorzugt in Arzneien zur Behandlung von Kopfschmerz, Herzschwäche und Asthma verwendet.

Eine schlichte Tasse Kaffee ist also zugleich nicht nur ein Geschmackserlebnis, sondern kann auch als preisgünstiges, vielseitiges Therapeutikum und Präventivmittel wirksam sein.

ENTHÄLT KAFFEE ÜBERHAUPT SCHÄDLICHE STOFFE?

Kaffee ist eines der am besten untersuchten und kontrollierten Lebensmittel überhaupt. Inzwischen sind über Tausende von Studien veröffentlicht worden. Negative Wirkungen, Missbrauch oder übermäßiges Kaffeetrinken ausgenommen, sind individuell unterschiedlich, aber insgesamt als harmlos zu bezeichnen.

Tatsächlich entstehen beim Rösten kritische Stoffe, wenn auch in sehr geringen Mengen, zum Beispiel Acrylamid, was sich kurz nach Röstbeginn bildet, dann ein Maximum erreicht und schließlich bei starker Röstung (Espresso) wieder stark abnimmt. Die Untersuchungen laufen noch. Ein weiterer Stoff ist Ochratoxin A, der von Schimmelpilzen gebildet wird. Er wird bereits durch verschiedene Methoden und Instanzen im Anbauland, aber auch bei sämtlichen Zwischenstationen des Transports bis zur Lagerung anhand strenger Grenzwerte kontrolliert. Da Kaffeepulver leicht Feuchtigkeit zieht und Schimmel bildet, sollte auch der Verbraucher hier Sorgfalt walten lassen und Kaffee unbedingt entsprechend geschützt aufbewahren und Behältnisse regelmäßig reinigen. Gefährdungen durch chemische Dünge- und Schädlingsbekämpfungsmittel sind nahezu ausgeschlossen, da diese im gerösteten und gemahlenen Endprodukt praktisch nicht mehr vorhanden sind.

Acht bis zehn Monate
brauchen die Früchte des Kaffeebaums
bis zur Reife. In dieser Zeit lagern
sie viele Aromastoffe ein.

VOM KAFFEEBAUM
ZUM GETRÄNK

Ein Phänomen, das nur die Kaffeepflanze bietet: Blüten und reifende Früchte zur selben Zeit, am selben Baum.

ETWAS BOTANIK

KLEINE
KAFFEEPFLANZENKUNDE

Es war der schwedische Arzt und Naturforscher Carl von Linné, der die Kaffeepflanze 1753 erstmals botanisch eingeordnet hat. Wenn wir die Kaffeepflanze, die eigentlich ein Baum ist, botanisch beschreiben wollen, dann so: Sie gehört zu den bedecktsamigen, zweikeimblättrigen, verwachsen-kronblättrigen Rötegewächsen, Gattung *Coffea*. Am längsten nutzt der Mensch die Art *Coffea arabica*, die heute noch rund 60 Prozent der Welternte ausmacht. Rund 40 Prozent entfallen auf die erst 1898 im großen Kongobogen entdeckte Art *Coffea canephora*, die umgangssprachlich *Robusta* genannt wird.

1904 wurden am Tschadsee (Westafrika) zwei weitere Arten gefunden: die Excelsa- und die Liberica-Bohne. Weil sie die längste Reifezeit benötigen, nämlich 12 bis 14 Monate, sind die erzeugten Mengen sehr gering.

Von den beiden Coffea-Hauptarten gibt es eine ganze Reihe von Unterarten, bei Arabica beispielsweise Tipica, Bourbon und Maragogype – insgesamt rund 50 marktfähige Sorten. Alle Arabica-Arten stammen zwar letztlich von der äthiopischen Mutterart ab, entwickelten aber in den jeweiligen Anbaugebieten über Generationen hinweg ihre eigenen Charakteristika. Heute werden viele Unterarten bewusst gekreuzt, um positive Eigenschaften zu verstärken.

Bei Robusta unterscheidet man nach Herkunftsländern, also Robusta Vietnam, Congo, Cameroon oder India Cherry, India Monsooned etc.

Vor ihrer Kultivierung kam Coffea ausschließlich auf dem afrikanischen Kontinent etwa 15 Grad nördlich und 15 Grad südlich des Äquators vor; heute dehnt sich der Anbau bis zu 30 Grad nördlich und 30 Grad südlich rund um den ganzen Globus aus. Sie ist eine wahrlich eigenartige und anspruchsvolle Pflanze. Zunächst fallen die dunkelgrünen, für die Äquatornähe ungewöhnlich großen, harmonisch geformten, dicht wachsenden und glänzenden Blätter auf. Sie sitzen eng an langen rutenartigen, leicht hängenden Zweigen und werden etwa acht bis fünfzehn Zentimeter lang und vier bis sechs Zentimeter breit. Der Stamm des Kaffeebaums ist glatt und schlank. In der freien Natur kann der Baum bis zu zehn Meter hoch wachsen. In der Plantage schneidet man ihn auf etwa zwei bis höchstens drei Meter herunter, um ihn leichter ernten zu können. Erst nach vier bis fünf Jahren sorgfältiger Pflege bringt die Kaffeepflanze die ersten weißen Blüten hervor, die in Farbe, Form und Duft stark an Jasmin erinnern. An einem ausgewachsenen Baum sitzen bis zu 30 000, ja 40 000 Blüten, die bereits nach wenigen Tagen verblühen. Für die Befruchtung sorgen Insekten und Menschenhände. Die Früchte ähneln Kirschen, doch brauchen sie eine vielfach längere Reifezeit, nämlich acht bis zehn Monate! In

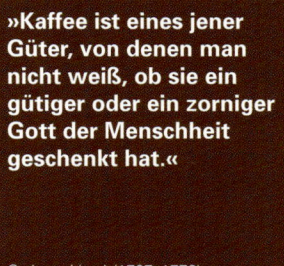

Die Zartgliedrigkeit einer jungen Kaffeepflanze kommt in dieser Zeichnung besonders gut zur Geltung.

Die Kaffeekirschen in unterschiedlichem Reifestadium werden im nächsten Schritt sortiert: Nur die roten Früchte werden weiterverarbeitet.

dieser Zeit lagern die Kaffeekirschen, die zunächst grün, dann gelblich, schließlich dunkelrot aussehen, viele Stoffe ein, die das komplexe Aromabild liefern. Da sie unterschiedlich schnell reifen, dauert die Ernte mehrere Monate. Oft befinden sich Blüten, grüne und reife rote Kirschen am selben Ast.

Die reifen Früchte sind meistens kräftig rot; es gibt aber auch Sorten, deren Reifefarbe gelb ist. Das sehr wässrige, helle und weiche Fruchtfleisch umschließt eine Bohne mit meistens zwei Samen. Diese sind außen rundlich und liegen mit der flachen Seite eng aneinander. Zum Schutz sind sie einzeln von einem Silberhäutchen eingehüllt. Beide Bohnenteile sind von einer lose aufliegenden gelblichen Hülle, der Pergamenthaut oder dem Pergamino, umschlossen. Da die Kaffeepflanze sehr sensibel ist und Extreme nicht verträgt, sind ihr Anbau und ihre Pflege sehr aufwendig; dies gilt insbesondere für die Arabica. Sie braucht nicht viel Wasser, aber dies regelmäßig; sie mag auch eine kurze Trockenperiode, aber Dauerregen verträgt sie gar nicht. Sie braucht Sonne, aber nicht zu viel – daher schätzt sie den Schatten von Wolken oder sogenannten Schattenbäumen; direkte harte äquatoriale Sonne hält sie nicht lange aus, aber

Bestandteile in mg/l	
Koffein	651 mg
Kalzium	32 mg
Phosphor	1,6 mg
Magnesium	61 mg
Natrium	14 mg
Eisen	1,8 mg
Mangan	0,44 mg
Chrom	0,005 mg
Kupfer	0,20 mg
Zink	0,09 mg
Thiamin	0,1 mg
Riboflavin	0,1 mg
Niacin	4,4 mg
Die Mengen variieren nach Zubereitung und Mischung.	

Kälte schon gar nicht: Arabica erträgt ganz kurzfristig höchstens knapp über 0 °C. Auch Wind gefährdet die empfindsame Kaffeepflanze. Temperaturen um 20 °C sind ihr am liebsten. Pflanzliche Konkurrenten um Licht, Feuchtigkeit und Nährstoffe mag Arabica gar nicht, auf Schädlinge reagiert sie äußerst allergisch. Schließlich hatte sie die in ihrer Heimat, den Höhenlagen Äthiopiens, auch nicht zu fürchten. Gerade in den Tropen gedeihen aber Pilze, Schadinsekten und Bakterien besonders gut. Der gefährlichste Feind heißt Kaffeerost, *Hemileia vastatrix*, ein Mikropilz, der sich unter bestimmten Umständen rasend schnell verbreiten kann. 1869 befiel dieser die Kaffeeinsel Ceylon so stark, dass alle Kaffeebäume durch Teesträucher ersetzt werden mussten – die Geburt des berühmten Ceylontees.

Die beste Erntequalität erreicht Arabica auf vulkanischen, auch kalkigen Böden mit geringer Humusschicht über 800 Höhenmetern in Hanglage.

Die Robusta ist, wie der Name schon sagt, in allem etwas »robuster«: widerstandsfähiger gegen Krankheiten und Schädlinge, weniger nässe- und hitzeempfindlich, dazu ertragreicher bei etwas kürzerer Reifezeit. Nur Kälte nimmt sie übel, weniger als + 5 °C sollten es nicht werden. Zu Unrecht wurde die Qualität von Robusta lange Zeit als minderwertiger beurteilt. Anfangs baute man sie nur dort an, wo eben Arabica nicht wuchs, und verbrauchte sie im eigenen Land. Da in den Produzentenländern die hochwertigeren Kaffeesorten exportiert wurden, bemühte man sich

Vom Einpflanzen des Setzlings bis zum ersten Ertrag vergehen ungefähr fünf Jahre.

Getrockneter Pergamino-kaffee (stark vergrößert) – im nächsten Schritt werden die Rohkaffeebohnen geschält.

nicht sonderlich, die Qualität von Robusta zu verbessern. Insbesondere im südostasiatischen Raum aber, in Ceylon, Java, Timor, später auch in Indien und Vietnam pflegte man Robusta und erreichte dabei Beachtliches. Dennoch wurden ihre geschmacklichen Qualitäten erst durch die Espressowelt entdeckt. Während Robusta im Filterkaffee eher breite, derb wirkende, erdige, meist jedenfalls unelegante Geschmacksnuancen entwickelt und vom durchschnittlichen Arabica-Kaffee mit seinen feinen, eleganten Tönen und Differenzierungen geschlagen wird, zeigt sie in der dunkleren Röstung des Espresso überaus positive Eigenschaften: weniger Säure, einen runden Körper und weniger Bitterstoffe.

Arabica dagegen bekommt die dunklere Röstung meist nicht so gut: Der schlanke Körper tritt zurück, wird schnell von Bittertönen und Säuren übertönt. Es ist also eine wahre Kunst, einen reinen Arabica-Espresso so zu rösten, dass die positiven Eigenschaften spürbar bleiben. Vor allem im Süden Italiens bevorzugt man bei der Espresso-Zubereitung traditionsgemäß Kaffeemischungen mit hohem Robusta-Anteil, und das nicht deshalb, weil Robusta billiger wäre, sondern aus geschmacklichen Gründen. Im Norden jedoch dominiert dagegen Arabica. Da der deutsche Kaffeemarkt historisch von der reinen Arabica-Welt kommt, besteht eine starke Tendenz, diesen auch im Espresso ausschließlich zu verwenden.

> »Ei wie schmeckt der Coffee süße, lieblicher als tausend Küsse, milder als Muscatenwein.«
>
> Aus der berühmten Kaffeekantate von Johann Sebastian Bach mit dem Text von Picander, 1732

EIN BLICK INS INNERSTE: DIE INHALTSSTOFFE DER KAFFEEBOHNE

Bis heute konnte man weit über 1000 Inhaltsstoffe der rohen Kaffeebohne bestimmen, die sich sorten-, herkunfts- und jahresbedingt relativ stark unterscheiden. Die Hauptbestandteile sind Kohlenhydrate, Wasser, Eiweiße, Säuren, Fette und Öle, Mineralstoffe und Aromen. Der Anteil der **Kohlenhydrate** beträgt 30 bis 40 Prozent. Der größte Teil davon bildet später den Kaffeesatz: die wasserunlöslichen Polysaccharide aus den Zellwänden der Bohnen. **Zucker** wie Glucose und Saccharose sind in kleinen Mengen vorhanden, verschwinden aber so gut wie vollständig bei der Röstung, ebenso wie **Wasser**, dessen Anteil vor der Röstung noch 10 bis 12 Prozent beträgt und nach der Röstung bis auf 2 bis 2,5 Prozent verdunstet ist. Allerdings bindet Röstkaffee selbst dann wiederum leicht Wasser aus der Umgebung, was den Geschmack beeinträchtigen kann. Für den Kaffeegenuss besonders bedeutsam sind die **Fette und Öle**, die wichtige Aromaträger sind. Über 80 verschiedene Lipide enthalten die Zellen der Bohnen, vorwiegend Triglyceride und Diterpenester, sogenannte Kaffeeöle. Die bekanntesten Fettsäuren sind die Linolsäure und Palmitinsäure. Arabica-Sorten enthalten generell mehr Fette und Öle als Robusta-Sorten, deutlich sichtbar bei der Crema des Espresso. Diese fällt bei einem Arabica-Espresso deutlich geringer aus, sehr fein, meist heller und zerfällt wesentlich schneller. Der hohe Anteil von 10 bis 14 Prozent an Fetten und Ölen bedingt die begrenzte Haltbarkeit von Kaffee. Daher sollte nach der Röstung möglichst kein Sauerstoff an die Bohnen gelangen. Die zweite für den Geschmack wichtige Gruppe sind die **Säuren**: Im Rohkaffee sind etwa 5 Prozent enthalten. Zu den am häufigsten erwähnten zählen die Chlorogensäure, die u.a. harntreibende Eigenschaften besitzt, und die Kaffeesäure, die zu den gesundheitsfördlichen Polyphenolen gehört und antioxidative Eigenschaften besitzt. Aber auch die anderen rund 80 verschiedenen Säuren wie Apfel-, Essig-, Zitronen-, Buttersäure spielen sowohl beim Filterkaffee als auch beim Espresso eine wichtige Rolle. Allerdings haben die Verbraucher in den letzten Jahrzehnten eine gewisse Säureabneigung entwickelt. Früher galten speziell die fruchtigen Säuren bestimmter Arabica-Sorten, etwa aus Kenia, als wichtiges Qualitätskriterium. Beim Röstvorgang kann man Säuren gezielt abbauen, vereinfacht gesagt: je dunkler die Röstung, desto weniger Säuren; je heller desto säurehaltiger. **Proteine**, also Eiweiße, enthält die rohe Kaffeebohne zwischen 10 und 11 Prozent, nach dem Rösten sind sie kaum mehr vorhanden.

Zusammenstellung und Menge an **Mineralstoffen**, vor allem Kalium, Kalzium, Magnesium und Phosphor, die auch von gewisser geschmacklicher Bedeutung sind, hängen stark vom jeweiligen Boden des Herkunftslandes ab. Der durchschnittliche Kaffeetrinker kann sie kaum geschmacklich unterscheiden, zumal ihr Anteil in der Bohne nur etwa 4 Prozent beträgt, doch gehen sie, da wasserlöslich, zu nahezu 90 Prozent in das Getränk über. Von den **Alkaloiden** ist das Koffein mit sortenbedingt 0,8 bis 2,5 Prozent das wichtigste. Arabica-Sorten enthalten im Durchschnitt gerade einmal halb so viel wie Robusta-Sorten. Sowohl das Rösten als auch das Brühen beeinflusst den Gehalt kaum. In kleineren Mengen kommen auch andere Alkaloide wie Trigonellin, Theobromin und Theophyllin vor. Für den rein geschmacklichen Genuss von Kaffee sind vor allem die **Aromen** verantwortlich, von denen in den letzten Jahrzehnten etwa 950 verschiedene entdeckt und bestimmt wurden. Doch dies sind bei Weitem nicht alle. Insbesondere die so wichtige Gruppe der Bitterstoffe ist noch nicht ausreichend entlarvt. Man vermutet, dass Kaffee circa 1200 bis 1400 verschiedene Aromen enthält. Vermutlich wird es daher (zum Glück) der Aroma-Industrie noch lange nicht gelingen, diesen von nahezu allen Menschen geschätzten Duft frisch gemahlenen Kaffees künstlich nachzubauen. Auch zum Leidwesen des Verbrauchers sind die Aromen des Kaffees äußerst flüchtig. Ihr Hauptfeind ist der Sauerstoff.

Die guten ins Körbchen:
Nur reife Kirschen dürfen geerntet werden, »handstripping« ist zwar aufwendig, schont aber den Baum.

GESCHMACK AUS DER ERDE

VIELFALT DER ANBAUGEBIETE UND QUALITÄTEN

Anbau und Kultivierung der Kaffeepflanze sowie die Ernte und Weiterverarbeitung ihrer Früchte sind mit viel manueller Arbeit, Sorgfalt und Geduld verbunden, umso mehr, je bessere Qualität erzielt werden soll. Die Pflege der Pflanzen muss den Bedingungen von Klima und Boden angepasst werden und entscheidet maßgeblich über die Qualität der Ernte. Schon der kleine Setzling wird einzeln in schmalen, hohen Kunststofftäschchen gepflegt und mehrfach umgesetzt, bis er endgültig eingepflanzt werden kann. Nach etwa vier bis fünf Jahren beginnt der Kaffeebaum zu tragen. Hat er eine Höhe von zwei bis drei Metern erreicht, wird über mehrere Jahre seine Krone gekappt, damit der Baum in die Breite wachsen kann. Die Technisierung hat sich daher beim Anbau weitgehend noch nicht durchsetzen können.

> »Ein guter Kaffee muss schwarz wie die Nacht, heiß wie die Liebe und so süß oder bitter wie das Leben sein.«
>
> Arabisches Sprichwort

Nachdem sich nun der Anbau von Kaffee wie ein breiter Gürtel 30° nördlich und südlich des Äquators rund um den Globus ausgedehnt hat, kann man sich vorstellen, wie unterschiedlich die Ergebnisse ausfallen. Man kann Kaffee durchaus mit Wein vergleichen. Auch das Rebgut ist abhängig von Klima und Bodeneigenschaften, doch Pflege und Vinifizierung sind mindestens genauso wichtig für ein gutes Ergebnis. Ein Arabica-Kaffee aus Mexiko schmeckt eben klima-, boden- und verarbeitungsbedingt völlig anders als einer aus Äthiopien oder Sumatra. Grundsätzlich scheint sich eine Lage über 800 Höhenmetern positiv auf die Qualität

auszuwirken, da die Reifung in höheren Lagen temperaturbedingt langsamer verläuft, die Kirsche also mehr Zeit hat, Stoffe, Aromen und damit Geschmack einzulagern. Daher gilt ein Hochland-Arabica schon als eine Qualität an sich. In niedrigeren Regionen, unter 800 Metern angebaute Sorten reifen schneller, haben meist auch mehr Humus zur Verfügung und lagern folglich mehr erdige, weniger mineralische Töne, weniger Säuren und weniger differenzierte Aromen ein. Aber wie beim Wein gibt es auch beim Kaffee Liebhaber von kräftigeren und milderen, von säurebetonten und säureärmeren Sorten, die sich für jeweils unterschiedliche Zubereitungsarten empfehlen.

Für einen klassischen deutschen Filterkaffee bevorzugte man bis vor wenigen Jahren säurebetonte Arabica-Sorten wie etwa Kenia Hochland. Heute röstet man etwas dunkler und mischt Robusta-Sorten dazu. In dem Maße, in dem sich die Zubereitungstechnik ändert, etwa dadurch, dass in den Industrieländern auch in Privathaushalten immer mehr Vollautomaten zum Einsatz kommen, wandelt sich auch der Kaffeegeschmack – im doppelten Sinne: Der endverbrauchende Kaffeetrinker scheint säurebetonte Sorten nicht mehr so zu schätzen.

Für einen italienischen Espresso hat man schon immer säurearme Arabica-Sorten bevorzugt, etwa Brasil-Sorten wie Santos, und zumindest in Süditalien gerne mit säurearmen Robusta-Sorten gemischt, die meist aus Indonesien und Indien stammen.

Somit entscheiden auch die Verbraucher über die Anbaumengen und Sorten

Verschiedene Rohkaffees:
oben: Java washed
Mitte: Ethiopia Sidamo
unten: Puerto Rico

Das tropische Hochland
mit seiner langsam wachsenden
Vegetation und gleichmäßigerem
Klima bietet die idealen Voraus-
setzungen für Kaffeeanbau.

Ka·Ha·Vau
Kaffee

Wer weiß, welche Mühe und Arbeit einer Tasse guten Kaffees vorausgegangen sind, lernt sie noch viel mehr zu schätzen.

in den jeweiligen Regionen. Noch immer trinken wir fast ausschließlich Mischungen. Da bei den meisten Kaffees bestimmte Eigenheiten vorschmecken würden, zumal auch Ernten eben unterschiedlich ausfallen können, und nicht zuletzt deshalb, weil ein Markenkaffee einen wiedererkennbaren Geschmack aufweisen soll, komponiert man 6 bis 7, manchmal bis zu 20 verschiedene Sorten unterschiedlicher Provenienz. So lassen sich die landes-, regional-, und lagetypischen Eigenheiten am besten kontrollieren und harmonisieren. Das Spektrum der geschmacklichen Nuancen ist riesig, um Sorten, Herkunft und Qualitäten eindeutig zuzuordnen, hat sich eine große Nomenklatur entwickelt: Guatemala Genuine Antigua Pastores, Indian Mysore Plantation Peaberry, Haiti 5 X trie a la main, Sulawesi Kalossi Toraja Gr. I, Mexico Maragogype Liquidamba, Genuine Antigua Guatemala SHB Volcan de Oro, Papua New Guinea Plantation Ayiura Peaberry, Fancy Tanzania Kilimanjaro A etc. Diese phantasievollen Bezeichnungen klingen nicht nur wunderschön, sondern deklarieren auch meist die Erntemethode, Qualitätsstufe und manchmal sogar die Farm. Je hochwertiger der Kaffee, umso genauer ist die Bezeichnung, wenigstens für den Fachmann. So bezeichnet Kenia Hoch-

land AAA meist den besten, also auch teuersten Hochland-Arabica aus Kenia mit den größten Bohnen; er bildet eine sehr starke Säure und ist ausschließlich für Filterkaffee geeignet.

Die meisten Kaffeeländer haben durch langjährige Erfahrung ganz bestimmte Kreuzungen gezüchtet und konzentrieren sich auf wenige Sorten. So produziert man in Kolumbien ausschließlich Arabica: den Prototyp Tipica. Von der Insel Réunion wird Bourbon importiert; aus einer kleinen Region Brasiliens stammen Maragogype sowie seit einiger Zeit Mundo Novo, eine Kreuzung aus Bourbon und Sumatra.

Der Trend scheint dahin zu gehen, dass bestimmte Eigenheiten weiter ausgebaut werden – also die verschiedenen Mischungen und Kompositionen geschmacklich immer stärker an Profil gewinnen – und die Vielfalt der Aromen weiter zunimmt. Ein Land hat über viele Jahre mit seinen Kaffees den Grundgeschmack der gesamten Kaffeewelt geprägt: Brasiliens Brasil Santos bildet in den meisten Kaffee trinkenden Nationen das Grundgerüst der Mischungen, mit oft einem Anteil von 50 Prozent und darüber. Die spezifischen geschmacklichen Eigenheiten der Mischungen basieren dann auf dem Verhältnis und der Auswahl der dazuge-

Fehler in Form und Farbe, Schädlingsbefall und Fremdkörper wie Hölzchen oder Steine werden aus den Bohnen sorgfältig ausgelesen.

Bis Ende des 19. Jahrhunderts erhielt man Röstkaffee in gewachsten Papiertütchen.

Vollreife Kirschen sehen nicht nur hübsch aus, sie schmecken auch durchaus angenehm.

mischten Sorten und bilden das »Betriebsgeheimnis« der Marke. Schließlich soll und muss der Verbraucher seine Lieblingsmarke bzw. -mischung auch wiedererkennen. Die Kunst besteht also darin, ein erntebedingt jährlich anders ausfallendes Agrarprodukt in der Mischung genau abzustimmen.

Diese Kunst beherrschen ausgebildete Kaffee-Verkoster, Menschen mit sehr hoher und zuverlässiger geschmacklicher Sensitivität. Schließlich hängt an ihrer Urteilsfähigkeit der dauerhafte Erfolg der Marke. Die Marke war zunächst ein lokales Phänomen; sie schmeckte der Stadt, der Region. Mit dem Ausbau der Marke musste sich der Geschmack auf den Durchschnitt von immer mehr Menschen anpassen, was auch problematisch ist. Der Durchschnitt schmeckt durchschnittlich, ein eigenes Profil zu bewahren wird schwer und aufwendig, denn die Marke muss durch Marketing unterstützt werden.

DIE WICHTIGSTEN ANBAULÄNDER

BRASILIEN ist der größte Kaffeeproduzent mit etwa 35 Prozent der Welternte. Auf 600 bis 1200 Höhenmetern wird auf riesigen flachen Plantagen fast ausschließlich Arabica einfacherer Qualitäten angebaut, meist maschinell geerntet und trocken aufbereitet. Die bekannteste Qualität heißt Santos, beliebt wegen ihres typischen mittelstarken runden Körpers und leicht süßlichen Tones. Ebenso gute Qualität erzielt man

mit Bourbon, einer wichtigen Arabica-Sorte. In den letzten Jahren versuchen einige Fincas mit Erfolg, den niedrigen Preisen mit deutlich gesteigerter Qualität zu entrinnen. Die wichtigsten Anbaugebiete sind Sul Minas, Bahia, Rios, Cerrado und Mogiana. In den letzten Jahren wurde auch vermehrt Robusta der Sorte Conillon angebaut; der Anteil liegt heute bei circa 25 Prozent.

KOLUMBIEN war lange Zeit das zweitwichtigste deutsche Importland, wurde aber inzwischen durch Vietnam verdrängt. Die kolumbianische Kaffeeproduktion ist qualitativ sehr hochstehend; die Federation Nacional de Cafeteros de Colombia definiert die beste Bohnenqualität als Supremo, die etwas niedrigere als Excelso. Die Aromen dieser Kaffees haben den deutschen Filterkaffee geprägt: weich, rund ohne starke eigene Töne, leichte, fruchtige Säuren, ein idealer Basiskaffee von gleichbleibend guter Qualität. Die wichtigsten Arabica-Sorten sind Tipica und Bourbon, die wichtigsten Anbaugebiete Medellin, Sierra Nevada, Bogotá, Manizales, Armenia, Huila, Bucaramanga.

VIETNAM hat sich in den letzten Jahren aus dem Nichts zum zweitgrößten Kaffeeproduzenten entwickelt. Die Franzosen hatten während der Kolonialzeit Mitte des 19. Jahrhunderts ein wenig Arabica angebaut; in den 1980er Jahren empfahlen amerikanische Agrarexperten den Anbau von Robusta. So wurde aus dem Land der Reisbauern ein Großproduzent sehr preisgünstiger Kaffees,

Qualitätsprüfung erfordert viel Übung und konzentriertes Riechen und Schmecken.

Bei der Aufbereitung von
Kaffeekirschen unterscheidet man
zwischen »trockener« und »nasser«
Methode (Bild); je nachdem kann
der Kaffee anders schmecken.

Bis in die 1960er Jahre wurde Röstkaffee in große Blechdosen oder Fläschchen gepackt.

davon 90 Prozent Robusta. Das Hauptanbaugebiet liegt um Buon Me Thuot in der Provinz Dac Lac.

MEXIKOS beste Sorten stammen aus dem Süden, dem Hochland von Chiapas. Bei uns bekannt ist die Sorte Mexico Maragogype, die größte aller Bohnen: Sie liefert einen Kaffee mit weichen, leichten, etwas erdigen, säurearmen Tönen. Weitere Anbaugebiete sind Jalapa, Huatusco, Coatepec und Oaxaca.

GUATEMALA ist ein kleines Land mit großen Kaffees: Im Hochland von Antigua, Cobán, Atitlan, San Marco und Huehuetenango werden vorwiegend mit Tipica und Bourbon auf vulkanischen Böden spannende Aromen erzielt: intensive, würzige, mineralische bis rauchige Töne mit schokoladigen Spuren und deutlicher Säure. Hier hat sich auch schon eine Reihe von Fincas oder Kaffeegütern besonders hervorgetan, unter anderem mit Pastores, San Sebastián, La Tacita oder Santa Cecilia.

JAMAIKA lässt den Kenner sofort an Jamaica Blue Mountain denken, einen der teuersten Kaffees der Welt. Der Name bezieht sich auf das dicht bewaldete Gebirge, das sich längs der gesamten Insel hinzieht. Ursprünglich hatten schwarze Sklaven in den über 1000 Höhenmetern gelegenen Wäldern für den Eigenbedarf Kaffeebäume gepflanzt. Der Nebel in den Blue Mountains sorgt für ein bestimmtes Klima, das die Kaffeekirschen nur langsam wachsen lässt. Die Ertragsmenge ist folglich sehr gering. Ein Jamaica-

Filterkaffee überzeugt mit einem erstaunlich eleganten, feinen, komplexen Körper mit großer Aromenvielfalt. Leider wird hier gerne gefälscht. Nach Europa gelangt aufgrund des exorbitanten Preises ohnehin wenig, denn fast die gesamte Produktion kauft Japan auf.

COSTA RICAS wichtigste Kaffeeanbaugebiete liegen auf 600 bis 1600 Metern über dem Meeresspiegel, um die Hauptstadt San José herum: Tarrazú, Heredia, Tres Ríos. Das reichlich vorhandene Wasser erlaubt die nasse Aufbereitung der Arabica-Sorten Caturra und Catuai. Die Kaffees fallen mit einer deutlichen Säure und kräftigen, fülligen Aromen auf.

ÄTHIOPIEN, das Mutterland aller Kaffees: Gerade in den letzten Jahren hat man die außergewöhnlichen geschmacklichen Kaffee-Variationen seiner Anbauregionen, besonders von Yirgacheffe und Sidamo, aber auch Djimmah, Harrar, Limu, Gimbi schätzen gelernt. Das langsame Wachstum mit wenig Feuchtigkeit führt zu kleinen Bohnen, die unerwartet vielfältige, interessante Aromen bieten – immer elegant, fein strukturiert, mit feinen Säuren. Das von Jahrhunderten zahlloser Kriege gezeichnete Land kann erst langsam eine geregelte und wirtschaftlich erfolgreiche Kaffeeproduktion aufbauen.

KENIA hatte Anbau und Verkauf der qualitativ sehr hochwertigen Kaffees lange zentral und straff organisiert. Berühmt

Arabisches Flair und Kaffee waren bis weit ins 20. Jahrhundert hinein eng miteinander verbunden.

Gerade kochte der Ibrik
über – jetzt ist der türkische
Mokka fertig.

und auch für den klassischen hanseatischen Filterkaffee wichtig sind die intensiven fruchtigen Säuren in einem dichten Aromenbild. Die meisten Plantagen liegen an den Hängen des Mount Kenya und am Mount Elgon.

In **UGANDA** wurde die *Coffea canephora* entdeckt – heute als Robusta von immer größerer Bedeutung. In flacheren Lagen produziert man vor allem ungewaschene, aber inzwischen auch einige gewaschene Robusta-Sorten, lediglich am Mount Elgon werden kleinere Mengen Arabica, im Handel unter dem Namen Bugisu bekannt, angebaut.

INDIEN baute bereits im 16. Jahrhundert Kaffee an. Nach dem Mann, der die ersten Pflanzen aus dem Jemen mitbrachte, heißt eine Region »Baba Budan«. Weitere Regionen sind Mysore und Nilgiris. Das säurearme Aromenbild scheint von den bekannten indischen Gewürzen geprägt: Nelken, Muskat, Pfeffer und Kardamom. Eine beliebte indische Spezialität ist Monsooned Malabar; diese Bohnen werden über Wochen in überdachten, sonst offenen Hallen der hohen, bis zu 90-prozentigen Luftfeuchtigkeit des Monsuns überlassen. Die auffallend sauberen, großen safrangelblichen Bohnen haben fast die gesamte Säure verloren und bieten einen Kaffee mit weichen, leicht erdigen Tönen.

Einige der zahllosen Inseln von **INDONESIEN** haben eine sehr lange Tradition im Kaffeeanbau: **Java** war die erste Insel, auf der die Holländer als Kolonialherren Kaffee anbauten. Auch in Deutschland war Java-Kaffee bis zum Anfang des 20. Jahrhunderts eine der Hauptimportsorten. Durch Pflanzenrost wurden innerhalb von wenigen Monaten alle Arabica-Pflanzen vernichtet und durch Robusta-Sorten ersetzt. In den letzten Jahren wurde wieder Arabica angepflanzt. Die Kaffees sind kräftig, eher säurearm und werden teilweise extra ein bis zwei Jahre gelagert; diese dürfen sich dann »Aged« oder »Old« nennen. Eine sehr teure Spezialität aus Indonesien ist der Kopi Luwak – der Zibetkatzenkaffee. Die Zibetkatzen, eigentlich Fleckenmusangs, lieben reife Kaffeekirschen. Das Fruchtfleisch wird verdaut, die harten Bohnen werden von ihren Verdauungsfermenten zwar angeätzt, aber nahezu unverändert ausgeschieden und eingesammelt. Der Geschmack ist so exotisch wie der Preis. Leider werden die armen Katzen jetzt eingefangen und wie Stopfgänse mit ihrer Lieblingsspeise oft zu Tode gefüttert. Ähnlich exotisch ist der Worm Bitten Menados: Die Kaffeebohnen werden in feuchtem Waldhumus eingegraben, wo Würmer über sie herfallen. Auch wenn die Feuchtigkeit die Säure entzieht, die Exkremente der Würmer verändern den Geschmack ins Erdig-Würzige.

Sumatra hat eine lange Tradition im Anbau sehr guter, fruchtiger, vollmundiger, deutlich, aber angenehm erdiger Arabica-Sorten. Die bekanntesten Anbaugebiete sind Mandheling, Aceh, Lintong und Gayo.

Die Pflücker liefern abends an Sammelstellen ab, dort wird gewogen und die Qualität beurteilt.

Dieser Pflücker liest vor Ort nach, um ausschließlich reife Kirschen anzuliefern.

SORGFALT
DER ERNTE

PFLÜCKEN UND
AUFBEREITEN DER FRÜCHTE

Wie beim Wein sind auch beim Kaffee die Ernte und Aufbereitung der Früchte entscheidend für die Qualität des Endprodukts. Natürlich dürfen nur reife Früchte geerntet werden; unreife liefern unausgereifte Säuren und wenig Geschmack. Das reife, nur zwei bis drei Millimeter dünne, leicht wässrige Fruchtfleisch hat einen pfirsich- und jasminartigen, angenehm süßlichen Geschmack. Bei überreifen Früchten kann sich klimabedingt schnell Schimmel oder Fäulnis bilden. Die Bohne nimmt Fremdgerüche und Aromen der Fermentation an, die man dann unter Umständen sogar nach der Röstung noch merkt.

Die Reifezeit der Kaffeekirschen dauert bei Hochlandkaffees teilweise bis zu zehn Monaten – von der ersten reifen Kirsche einer Plantage bis zur letzten. Da Hochlandkaffee oft an steilen Hängen wächst, ist die Ernte von Hand eine mühselige Arbeit. Idealerweise sollten nur vollreife Kirschen gepflückt und weiterverarbeitet werden, doch gleichzeitig muss das Pflücken schnell gehen. Die selektive Handpflückung (hand picking) garantiert beste Qualität. Mittlere Qualität erhält man, indem man, wenn der größte Teil der Ernte reif ist, ganze Äste abstreift (stripping), wodurch man natürlich auch unreife Früchte mitnimmt. Bei flachen Großplantagen kommen auch riesige Erntemaschinen zum Einsatz, die mittels vibrierender Fiberglasgabeln reife, aber auch viele un-

> »Drei Dinge gehören zu einem guten Kaffee, erstens Kaffee, zweitens Kaffee, und drittens nochmals Kaffee.«
>
> Alexandre Dumas (1802–1870), französischer Schriftsteller

reife Früchte und Blattwerk abnehmen. Mögliche Einbußen an der Qualität des Rohkaffees können durch verschiedene Methoden der Weiterverarbeitung wieder kompensiert werden.

Als Nächstes muss die Bohne möglichst schnell und schonend aus der Kirsche gelöst werden; aus zehn Kilogramm Arabica kann man circa ein Kilo, aus zehn Kilogramm Robusta etwa zwei Kilogramm Rohkaffeebohnen gewinnen. Bei der einfachsten und ältesten Methode breitet man die Kirschen im Freien auf möglichst glatten Flächen wie gestampfter Erde oder Betonböden aus. Nun müssen die Plantagenarbeiter sie mit einem breiten Rechen immer wieder wenden, damit sie schnell und gleichmäßig trocknen. Anschließend laufen die getrockneten Früchte durch zwei harte Walzen, wobei das Fruchtfleisch von den Bohnen getrennt wird. Bei dieser »trockenen« Methode wird dabei allerdings nicht immer alles entfernt. Die Bohnen werden in Säcke gefüllt, die dann als »unwashed« oder »natural« deklariert werden. Fast alle Robusta-Sorten, aber auch brasilianische, äthiopische und indonesische Arabica-Sorten werden trocken aufbereitet.

Aufwendiger ist die »nasse« Aufbereitung: Hierbei werden die Kirschen zunächst in Waschkanälen gereinigt und sortiert; die unreifen grünen Kirschen sinken dabei ab. Danach werden die nassen Kirschen im Entpulper (von lat. pulpa = Fruchtfleisch) gequetscht, dabei werden Fruchtfleisch und Außenhaut entfernt. Nun bringt man einen gesteuerten Gärprozess in Gang, der gestoppt

So schön und schmackhaft
die Kaffeekirschen sind, nur die Bohnen darin zählen. Die vom Fruchtfleisch befreiten Bohnen werden anschließend ausgebreitet und unter Wenden getrocknet.

Frisch angelieferte Kaffeekirschen werden maschinell
angequetscht, um anschließend
abgewaschen zu werden.

wird, wenn sich die Reste des Frucht-fleisches vom Pergaminohäutchen lösen lassen; anschließend wird der Kaffee gewaschen und auf großen Flächen im Freien getrocknet. Danach wird der trockene Pergaminokaffee (Restfeuchtigkeit circa 9 bis 13 Prozent) etwa zwei Monate eingelagert, damit er sich stabilisiert. Zum Schluss entfernen Schälmaschinen die beiden verbliebenen Häute. Gewaschene Kaffees liefern stärker ausgeprägte, individuelle Aromen, höhere Säureanteile und eine gleichmäßigere Qualität. Interessanterweise sind sorgfältig trocken aufbereitete Arabica-Sorten milder, also säureärmer als gewaschene. Inzwischen ist auch wissenschaftlich belegt, dass gewaschen und trocken aufbereitete Kaffees sich geschmacklich unterscheiden: In gewaschenen Kaffees finden offenbar Keimungsprozesse statt, die den Geschmack beeinflussen. Rohkaffee ist also ein überaus lebendiges Produkt.

Um die Wasserressourcen zu schonen – für ein Kilogramm Kaffeekirschen benötigt man im nassen Verfahren bis zu 150 Liter Wasser –, setzt sich immer mehr eine dritte Methode durch: »semi washed«. Auch hier werden die Kirschen gewaschen, vorsortiert, anschließend entpulpt, dann aber sofort getrocknet; die Fermentation unterbleibt. Diese Kaffees entwickeln etwas weniger Säure und sind insgesamt milder. Nach der Entfernung von Silberhaut und Pergamino werden hochwertige Kaffees nochmals verlesen. In langen Reihen sitzen Frauen und sortieren Steinchen, Holzstückchen und alle Bohnen aus, die von Insektenfraß, Farbfehlern, Missbildungen etc. betroffen sind. Dann wird maschinell nach Größe und Form der Bohnen sortiert, indem diese über Gitter mit unterschiedlichen Löchern geschoben werden. Aufgrund steigender Personalkosten wird die »hand selection« allmählich aufgegeben und durch die maschinelle Lese, »electronic selection«, ersetzt. Abschließend wird noch einmal optisch kontrolliert. Die beste Qualität geht in den Export, fehlerhafte Bohnen werden im Land konsumiert.

Am Ende der verschiedenen Verfahren werden die aufbereiteten Rohkaffees klassifiziert und eingesackt und die Säcke in Hallen, manchmal Traglufthallen, zwischengelagert. Dort prüft sie der Rohkaffee-Einkäufer. Auch Rohkaffee soll so schnell wie möglich verarbeitet werden, selbst wenn man nach heutigem Kenntnisstand von mindestens 24 Monaten Haltbarkeit ohne Qualitätsverlust ausgehen kann, entsprechend sorgfältige Lagerung vorausgesetzt. Es gibt aber auch Spezialitäten, die im Ursprungsland bewusst länger gelagert werden. Dazu gehören etwa die Sorten Top Aged Sumatra oder India Monsooned Malabar, die man häufig in Espressomischungen findet, da sie einen kräftigen, runden Körper ohne Säure und wenig Bitterstoffe liefern. Erreicht der Rohkaffee endlich das Zielland, wird er zunächst in gut belüfteten Lagerhäusern der Rohkaffeehändler eingelagert, bevor er endlich vom Röster, »just in time«, also wenn er ihn benötigt, abgerufen wird.

Die meisten Rohkaffees werden auch heute noch in Jutesäcken zu 50 bis 75 Kilogramm eingesackt, verpackt und trocken gelagert.

Rohkaffeebohnen werden im »Fegefeuer« eines Trommel-rösters veredelt. Erst dadurch kann sich ihr aromatischer Charakter entfalten.

Vor ein paar hundert Jahren
wurde der Kaffee in einer Pfanne
über einer Feuerstelle geröstet.
Manche Pflanzer rösten die
Bohnen für den Eigenbedarf
noch heute so.

DIE WICHTIGSTEN MINUTEN

DAS RÖSTEN DER ROHKAFFEEBOHNEN

Wie sagte ein bekannter italienischer Röster: »Das Rösten sind die wichtigsten 20 Minuten im Leben einer Kaffeebohne.« Tatsächlich wird erst mit der Röstung das aromatische Potenzial des Kaffees zum Leben erweckt. Daher wird das Rösten und Mahlen gerne »Veredelung« genannt. Da die länder- und regionalspezifischen Geschmackserwartungen durchaus unterschiedlich sind, röstet und mischt man auch heute überwiegend im Zielland.

Die industrielle Kaffeeveredelung erfolgt aufgrund der großen Mengen in komplexen Anlagen. Zunächst die Kaffeeannahme: Der Rohkaffee kann in den bekannten Säcken, zumeist zu 60 Kilogramm auf Paletten, in Containersäcken (big bags) oder lose als Schiffsware in Containern oder als Siloware ausgeliefert werden. Bei der Entleerung wird die Qualität überprüft und die Feuchte gemessen. Vor der Einlagerung muss der Rohkaffee gereinigt und gewogen werden; Staub und kleine Teilchen werden abgesaugt, größere Fremdkörper durch Vibration ausgesiebt.

Nun kann er in speziellen Rohkaffeesilos mit mehreren Kammern eingelagert werden. Bei den üblichen Röstverfahren werden die Sorten vorher gemischt und erst dann geröstet.

Rösten meint das trockene und fettfreie Erhitzen der Kaffeebohnen. Dabei kommt es zu entscheidenden chemischen und physikalischen Veränderungen. Das in der Rohbohne enthaltene Wasser (etwa 9 bis 12 Prozent) verdampft bei etwa 100 °C, Verdampfung und Röstgase, vorwiegend Kohlenmonoxid (CO) und Kohlendioxid (CO_2), blähen die Bohne auf ungefähr das Doppelte auf. Das äußere Häutchen löst sich von der Bohne, diese verfärbt sich durch hochmolekulare Farbstoffe, sogenannte Melanoidine, von grünlich über gelbbraun in das gewünschte Hellbraun bis Schwarzbraun. Kohlenhydrate und freie Aminosäuren wie etwa Asparagin, Tyrosin und Lysin werden dabei langsam ab- und zu neuen Verbindungen umgebaut. Diesen höchst komplexen Vorgang über 150 °C nennt man Maillard-Reaktion. Die nun ablaufenden Primär- und Sekundärreaktionen bilden den Aromakomplex in den 300 000 bis 400 000 Zellen einer einzigen Kaffeebohne; er besteht aus mehr als 900 gaschromatografisch nachgewiesenen Einzelkomponenten. Außerdem entwickeln sich in diesem Prozess die für den Kaffeegeschmack so wichtigen Bitterstoffe.

Die Bohne ist nach dem Rösten zwar größer, aber auch um etwa 11 bis 20 Prozent leichter geworden, was man als Einbrand bezeichnet. Dieser Masseverlust ist vorwiegend durch die Verdunstung des Wassers bedingt, aber auch durch die austretenden Gase.

In der Frühzeit des Kaffees, auch im Europa des 17. und 18. Jahrhunderts, wurde in offenen Pfannen über dem Feuer oder der Herdstelle geröstet. Ein in einen Pfannendeckel integrierter Rührer, den man mit einer Handkurbel betätigte, half das Anbrennen zu verhindern und somit

In gewaltigen Lagerhäusern am Hamburger Hafen wurde lange Jahre der für deutsche Röster bestimmte Rohkaffee eingelagert; heute ist die Gegend vor allem Touristenattraktion, mit eleganten Lofts und Büros.

Aus einem großen Trommel-röster ergießt sich der fertigge-röstete Kaffee auf das Kühlsieb. Kaltluft von unten und ein Rührer kühlen so schnell wie möglich auf Zimmertemperatur, um ein Nachrösten zu verhindern.

Eine einfache Röst-pfanne mit Schiebedeckel: Man hielt sie in die Glut, das Ergebnis war wohl nur selten gut.

diese rußige und geruchsintensive Tätigkeit zu erleichtern. Man röstete auch in kleinen Eisentrommeln, die auf einer Achse lagen und mit einer Kurbel langsam bewegt wurden.

Die großen Mengen, die der Handel und die Kaffeehäuser bereits Anfang des 19. Jahrhunderts verbrauchten, erforderten viel größere Röster. Zunächst entwickelten Firmen wie J. M. Lehmann (1850), F. Müller (1856) in Deutschland, englische und amerikanische Anlagenbauer wie J. W. Carter 1846 in Boston, J. Burns 1864 in New York große Röster aus Gusseisen, die nach Bedarf in Reihen nebeneinander angeordnet wurden. In Deutschland werden seit 1868 Röster in Emmerich zunächst von van Gülpen, Lensing & Gimborn, heute unter dem Namen Probat produziert; auch die Firma Neuhaus Neotec in Hamburg bzw. Bremen stellt Röstanlagen her. Das älteste kommerzielle Verfahren ist die sogenannte traditionelle Trommelröstung.

»Wo Kaffee serviert wird, da ist Anmut, Freundschaft und Fröhlichkeit!«

Ansari Djerzeri Hanball Abd-al-Kadir (lebte im 16. Jh.), arabischer Scheich

Dabei wird der Kaffee anfangs bei einer Temperatur von 100 bis 150 °C, später bei etwa 160 bis 220 °C in einer sich drehenden Eisentrommel geröstet. Die Energie, Gas oder Strom, wirkt über Direktkontakt zwischen Bohne und heißer Trommelwand und über die erhitzte Luft in der Trommel. Da die Abluft ständig geregelte Frischluft nachzieht, verlangsamt dies den Röstvorgang. Bedingt durch die sehr hohe Anzahl von

weit über 1000 Inhaltsstoffen vollzieht sich während des Röstungsprozesses eine Vielzahl chemischer Prozesse, sodass die Steuerung der Röstung die eigentliche Kunst ist, die Fingerspitzengefühl und viel Erfahrung erfordert. Selbst die größten Trommelröster fassen nur etwa 380 Kilogramm.

Im 20. Jahrhundert wurden weitere Röstverfahren entwickelt, allen voran die Heißluft- oder Kontinuierliche Röstung. Hierbei werden die Bohnen rundum von einem heißen Luftstrom umgeben, was den Vorgang wesentlich beschleunigt. In

DER RÖSTVORGANG

Stufe 1 Die zimmerwarmen Bohnen treffen im Röster auf 150 °C bis 200 °C heiße Umgebung und beginnen sich in wenigen Sekunden bis Minuten in elfenbein bis leuchtend gelbe Töne zu verfärben. Das Wasser entweicht in manchmal sichtbaren Wölkchen, es riecht leicht nach feuchtem Heu bis frisch gebackenem Brot. Da die Bohnen nun ausschließlich Energie aufnehmen, nennt man dies die endotherme Stufe.

Stufe 2 Nun beginnen die Bohnen zu rauchen, sie sind nun vollständig erhitzt, es beginnt langsam zu knacken: Der sich durch den Wasseranteil in der Bohne verstärkende Innendruck der Bohne beginnt diese aufzublähen. Die Farbtöne schlagen langsam ins Hellbraune bis Mittelbraune um. Das Knacken ist nun deutlich zu hören – der sogenannte first crack.
Am Ende dieser Stufe beginnt der Geruch schon an gerösteten Kaffee zu erinnern. Bricht man hier die Röstung ab, erhält man relativ säurebetonte Ergebnisse mit schlankem Körper – eine Röstung, wie sie bis in die 70er Jahre des letzten Jahrhunderts für deutschen Brühkaffee typisch war. Die nach etwa 2 Minuten nach dem 1. Crack beendeten Röstungen nennt man *Helle Röstung*, in den USA *City Roast Plus*.
Sind etwa 3 bis 4 Minuten nach erstem Crack vergangen, raucht es deutlich stärker, es riecht leicht beißend, würzig-holzig. Die Bohnen sind nun schön mittelbraun, ein heute häufig anzutreffender Ton für

deutschen Filterkaffee, in USA *Full City*, etwas länger geröstet *Full City Plus* genannt.

Stufe 3 In diesen Sekunden bis zum zweiten Knacken oder second crack verändert nahezu jede Sekunde das Ergebnis stark. Hier enden die meisten Röstungen und heißen dann *Wiener Röstung, Light French* oder *Continental*. Die Töne sind nun dunkelbraun, die Säuren sind stark zurückgegangen – die Röst- und Bittertöne nehmen nun schnell zu. Es geht in Richtung Espresso-Röstungen, die jeweils nur wenig mehr Zeit brauchen, diese reichen von einer norditalienischen bis zur schwarzbraunen neapolitanischen Röstung, auch *Dark French* oder *Heavy* genannt.
Lediglich die Spanier gehen jetzt noch weiter in kohleartige, also deutlich verbrannte Töne, die feinen Kaffeetöne sind nun vollständig verschwunden.

Stufe 4 Jede Röstung muss zu einem vorher bestimmten Zeitpunkt sofort beendet werden, das Röstgut so schnell wie nur möglich heruntergekühlt werden. Ansonsten würde sich das Ergebnis unkontrollierbar verändern, man könnte nicht auf den Punkt rösten. Trommelröster etwa werden über ein von unten mit Kaltluft angeblasenes Kühlsieb mit Rührer entladen.
Je schneller und gleichmäßiger herabgekühlt werden kann, umso präziser lässt sich die Röstung steuern. Spätestens nach zwei Minuten aber sollten die Bohnen nur noch handwarm sein.

**Frisch geröstete Kaffee-
bohnen** müssen so schnell wie
möglich abgekühlt und später
luftdicht verpackt werden.

Oft bürgte der Familienname des Rösters für Kontinuität in der Qualität. Diese Dose wirbt noch heute.

einer Zeitdauer zwischen 90 Sekunden bis 10 Minuten können so auch große Mengen Kaffee geröstet werden. Wie sollten Tausende von Tonnen geröstet werden, wenn nicht auf diese Weise?

Ein wichtiges Ziel des Röstens ist es, ein gleichmäßiges, reproduzierbares, geschmacklich genau gesteuertes Ergebnis zu erhalten. Der Röstgrad entscheidet wesentlich über den Geschmack und differiert je nach Verbraucherland. In Deutschland wird der Kaffee meist mittelhell geröstet, in Frankreich und Italien sehr dunkel, in den USA sehr hell. Grundsätzlich bewirkt eine dunkle Röstung kräftigere Aromen und einen bitteren Geschmack, eine helle Röstung führt zu milderem und säuerlicherem Geschmack.

Doch die Farbe sagt nicht alles, denn sogar dieselbe Sorte oder Mischung schmeckt anders, je nachdem, ob sie schnell bei hoher oder langsam bei niedriger Temperatur geröstet wird. Beim Einfüllen fällt die Temperatur im Behälter durch das kalte Material steil ab, die zugeführte Energie wärmt und trocknet.

Die chemischen Umbauprozesse beginnen ab circa. 150 °C; diese wesentliche Phase steuert das Ergebnis. Ab einem bestimmten Röstgrad ist der Innendruck der Bohne so hoch, dass die Gase sich mit einem deutlich vernehmbaren Knacken, dem »first crack«, den Weg nach außen bahnen.

Nach weiterem Rösten in Richtung Espresso kann dann ein zweiter »crack« erfolgen. Dieser Röstgrad wirkt sich nun stark auf die Säuren aus: Apfel- und Zitronensäure – also die fruchtigen Töne – werden abgebaut, China- und Essigsäure nehmen zu. Insgesamt nehmen die Säuren mit zunehmendem Röstgrad und mit der Dauer des Prozesses ab.

Um ein gleichmäßiges Geschmacksergebnis zu erreichen, erstellt man Röstprofile, die dann bei der nachfolgenden Röstung genauestens eingehalten werden. Die Rezepturen der einzelnen Röstereien gehören zum gut gehüteten Betriebsgeheimnis.

Ist der Röstvorgang abgeschlossen, muss der Kaffee sofort und so schnell wie möglich heruntergekühlt werden, um ein Nachrösten zu verhindern. Schließlich verändert sich der Geschmack innerhalb weniger Sekunden. Üblicherweise kühlt man mit Kaltluft, manchmal mit eingesprühtem Wasser (Quenching). Nun treten über Stunden Röstgase, hauptsächlich Kohlendioxid und etwas Kohlenmonoxid, aus.

Manche Röster lassen nun den Kaffee einige Stunden, ja bis zu zwei Tagen »ausgasen« (damit die Folienpackungen nicht aufblähen) und verpacken ihn dann, andere verpacken ihn unmittelbar nach dem Röstvorgang (ganze Bohnen in Folienpackungen mit Aromaventil), um den Verlust an Aromen zu minimieren.

Nach dem Trommelrösten verbleiben ca. 1,5 – 2,5 Prozent Wasser, nach dem Schnellrösten 2 – 3 Prozent in der Bohne. Gelangt nun Röstkaffee an die Luft, nimmt er Feuchtigkeit auf, bei über 60 Prozent Luftfeuchtigkeit bis zu 5 Prozent. Nun erhöht sich die Sauerstoffaufnahme, dadurch beschleunigt sich die Oxidation, die Alterung, und es entstehen freie Säuren, leicht festzustellen am schlechteren Geruch; die Konsistenz wird bröckelig. Daher ist schnelles Verpacken der beste Schutz gegen Aromenverluste.

Die eigene Röstmischung einer Rösterei bildete bald die Marke, versprach Qualität und Kontinuität; auch heute kaufen viele Verbraucher markentreu.

Der Stolz eines jeden Kaffeefachgeschäftes war die Mühle. Viele Kunden ließen sich hier ihren Kaffee mahlen, denn sie war der Haushaltsmühle überlegen und schneller.

WIE DER KAFFEE IN DIE TASSE KOMMT

VOM MAHLEN, VERPACKEN UND AUFBEWAHREN

Nach dem Rösten wird ein Teil des Kaffees in ganzen Bohnen, ein Teil gemahlen verpackt. Sauerstoff ist der große Feind der Kaffeearomen; große Röstereien mahlen deshalb oft in geschlossenen Systemen unter Sauerstoffausschluss, da beim Mahlen die Gefahr des Aromaverlusts am größten ist. Schließlich vergrößert sich die Oberfläche um das Zigfache, je nach Mahlgrad – und dieser beeinflusst entscheidend die Extraktion und damit den Geschmack.

Für besondere Zubereitungsarten empfiehlt es sich jedoch, ganze Bohnen zu kaufen, um diese dann individuell beim Händler mahlen zu lassen oder zu Hause selbst zu mahlen. Denn jede Zubereitungstechik verlangt einen passenden Mahlgrad: Für die Karlsbader Kanne und die Siebstempelkanne beispielsweise sollte man sehr grob mahlen, für

> »Die Türken, unsere Lehrmeister, mahlen den Kaffee niemals in einer Mühle, sie mörsern ihn mittels einer hölzernen Keule, und wenn diese Instrumente lange gedient haben, so steigen sie im Werthe und werden teuer bezahlt. Man stimmte allgemein darüberein, dass der Kaffee aus gemörsertem Pulver demjenigen aus gemahlenem Pulver weit vorzuziehen sei.«
>
> Louis XV. (1710 – 1774), König von Frankreich

die Filtermaschine und den Vollautomaten mittelfein, für die italienische Espressokanne (Perkolator) und den Siebträger fein bis sehr fein, für die türkische Mokkakanne, den Ibrik, ebenfalls sehr fein. Auf jeden Fall sollte man immer nur die Menge mahlen, die man unmittelbar verbrauchen kann. Für den Privathaushalt sind vor allem Kegelmühlen oder Scheibenmühlen mit feinabgestufter Mahlgradeinstellung empfehlenswert.

Eine alte Mokkamühle mit Auffangbehälter für die Portion im Cezwe.

Eine klassische Haushaltsmühle für den täglichen Filterkaffee, hier mit Holzkorpus und hübschen Schnitzereien.

Eine moderne Haushaltsmühle mit Scheibenmahlwerk.

Eine Vorratsmühle mit Portionierer. Leider verliert gemahlene Kaffee in wenigen Minuten einen Großteil seines Aromas. Die Portionierung ist zudem ungenau.

**Die unterschiedlichen
Motive auf den Packungen**
spiegeln die Bandbreite geschmacklicher Vorlieben – jeder
kann »seinen« Kaffee finden.

Franck führte die Kaffeemühle im Signet, stellte tatsächlich aber Kaffeeersatz her.

Bei der Rösterei wird heute gemahlener Kaffee üblicherweise vakuumverpackt. Ganze Bohnen werden oft in Verpackungen mit sogenanntem Aromaventil angeboten. Dieses One-way-Ventil lässt den Überdruck der Röstgase austreten, aber keinen Sauerstoff eindringen; dadurch können die Bohnen gleich nach dem Abkühlen verpackt werden.

Die heute verwendeten Materialien haben die Haltbarkeit des gerösteten Produktes erheblich verlängert. Der Aufdruck eines Mindesthaltbarkeitsdatums (MHD) auf der Verpackung von Lebensmitteln ist vom Gesetzgeber vorgeschrieben. Die Röstereien geben das Datum an, bis zu dem sie die Haltbarkeit des Kaffees bei ungeöffneter Packung und sachgemäßer Lagerung (kühl und trocken) nach bestem Ermessen garantieren können; der Zeitraum kann zwischen 24 und sechs Monaten schwanken.

Beim Einkauf sollte man also auf jeden Fall auf das Mindesthaltbarkeitsdatum auf der Verpackung achten und nicht mehr einkaufen, als man rechtzeitig verwenden kann. Das erste Schnuppern beim Öffnen der Packung entscheidet: Riecht der Kaffee noch frisch und aromatisch? Ist die Packung erst einmal geöffnet, sollte man sie möglichst innerhalb weniger Tage verbrauchen. Dabei sollte man jeweils immer nur die Menge entnehmen, die man gerade braucht, danach die Packung sorgfältig wieder verschließen und kühl (zwischen 6 und 18 °C) und trocken aufbewahren.

Hochwertige professionelle »Grind on demand«-Mühle. Dank Zeitsteuerung liefert sie relativ genaue Portionen.

Moderne Haushaltsscheibenmühle mit zwei Glasbehältern

Eine elegante kleine Haushaltsmühle mit Glasauffangbehälter, auch nach dreißig Jahren noch eine Augenweide.

Brühgruppe eines Vollautomaten. Über den schrägen Schacht gelangt der gemahlene Kaffee in eine Buchse, der Kolben presst an; über den gebogenen Zulauf gelangt Wasser in die Buchse und wird nun vom Kolben durchgepresst.

Kaffeekapseln sind die modernste, aber auch nicht ganz preiswerte Variante der maschinellen Kaffeezubereitung – ideal für die Einzeltassenzubereitung.

Aluminium-beschichtete Pads
sichern das Aroma.

Der Kühlschrank ist nur dann ein guter Ort, wenn die Packung luftdicht verschlossen ist, da die Luftfeuchtigkeit im Kühlschrank meist höher ist als außerhalb. Auf keinen Fall sollte man den Kaffee umfüllen.

Auch Pads und Pods werden von den großen Röstereien sofort nach dem Mahlen verpackt, und zwar mit demselben hochwertigen Folienmaterial wie loser Kaffee. Dabei werden jeweils 5 bis 7 Gramm Kaffee lose in einzelne Pods oder gepresst in E.S.E.-Pads (»Easy Serving Espresso«, ein Einzelportionssystem für Espresso) abgepackt. Bei geringem Kaffeeverbrauch und für den Single-Haushalt sehr praktisch, sollten auch sie nicht allzu lang aufbewahrt werden. Kaffee ist ein sehr sensibles Lebensmittel, auch wenn uns das leider lange nicht bewusst war! Bohnen verlieren am Sauerstoff in 40 Minuten bereits einen Großteil ihrer Aromen, gemahlener Kaffee schon in fünf Minuten! Wer beim Umgang mit Kaffee entsprechend Vorsorge trifft, sollte jedoch keinen »geschmacksneutralen« Kaffee und Espresso, wie wir ihn leider immer noch angeboten bekommen, mehr trinken müssen.

DAS MAHLEN

Zu mahlen begannen die Menschen nach heutigem Kenntnisstand um etwa 6000 v. Chr. mit zwei aufeinanderliegenden Steinen, wobei der untere festlag, der obere mit der Hand kreisförmig geführt wurde. Aus der dabei nach längerem Gebrauch entstehenden Mulde entwickelte sich die Idee von Mörser und Stößel. Darstellungen sind schon auf frühen Piktogrammen der Sumerer zu finden. Gemahlen wurden Getreide, Nüsse, Datteln – und schließlich auch Kaffee. Mühle und Mörser werden über Jahrhunderte nebeneinander benutzt und in vielen kleinen Schritten verbessert. Wann die uns bekannte Mühle entstand, lässt sich nicht genau belegen – sie hieß *mola trusatilis oder versatilis manuaria* und war zunächst aus Holz; in großem Format wurde sie auch von Sklaven, Tieren oder schließlich Wind und Wasser getrieben. Im »Frauenzimmer-Lexicon«, das Gottlieb Siegmund Corvinus unter dem Pseudonym Amaranthes 1715 veröffentlichte, liest man folgende Beschreibung der Kaffeemühle: »Caffee-Mühle: Ist ein von Holtz verfertigtes Instrument, von oben mit einer Leyer und der dazugehörigen Schraube, von unten aber mit einem Fach und Schubekästlein (worein der klein gemahlene Caffe fällt) versehen, worinnen die gerösteten und gebrandten Caffe-Bohnen kleingerieben und klar zermalmet werden.« Diese Handmühle mit sogenanntem konischem Mahlwerk war bis weit ins 20. Jahrhundert hinein typisch für die Mokka-Zubereitung (und ist es teilweise bis heute), aber auch für den deutschen Filterkaffee. Sie wurde erst durch die kleinen hochtourigen elektrischen Schlagmessermühlen aus Kunststoff verdrängt.

Dem Kaffee taten und tun sie nichts Gutes: Durch die hohe Drehzahl wird das Messer heiß, das Kaffeemehl wird warm, verliert dadurch schnell Aromen, und es entsteht viel Staub.

Eine gute Kaffeemühle zu Hause und in der Gastronomie sollte einen starken Motor mit gleichbleibender Drehzahl besitzen, am besten gehärtete Stahlscheiben mit möglichst großem Durchmesser und möglichst fein abgestufter Mahlgradeinstellung.

Wenn es irgend geht, sollte Kaffee frisch gemahlen und sofort zubereitet werden. Gleich, ob wir zu Hause oder in der Gastronomie mahlen, es gilt: nur die jeweils innerhalb weniger Minuten benötigte Menge aus der Packung nehmen und in die leere, saubere, geruchsfreie Mühle geben.

Spätestens abends sollten wir die Restmenge entsorgen, die Mühle leer mahlen, den Bohnenbehälter kurz auswischen und den Deckel neben die Mühle legen. Dies gilt auch für Vollautomaten, denn in diesen erwärmt sich die Mühle besonders schnell, was dazu führt, dass Öle und Fette austreten. Nur sorgfältige Reinigung gewährleistet, dass wir unseren frischen Kaffee nicht mit alten, ranzigen Fetten und Ölen in der Mühle infizieren – nicht selten eine Ursache für minderen Geschmack von Kaffee oder Espresso. Die Mühle ist ein Arbeitsgerät, kein Aufbewahrungsbehälter!

Für Filterkaffee kann man eine Kegelmühle benutzen, für Espresso empfiehlt sich eine Scheibenmühle, die eine gleichmäßigere Körnung mahlt und weniger Staub entstehen lässt. Dieser wird bei der Brühung komplett extrahiert und erhöht auf diese Weise die Bitterstoffe, man kann die Extraktion weniger steuern.

Gerösteter Kaffee
wurde im orientalischen, türkischen und afrikanischen Raum lange mit Holzmörsern gestampft. Dieser hier stammt aus dem 18. Jahrhundert.

extra

KAFFEE (NICHT NUR) FÜR EILIGE

LÖSLICHER KAFFEE

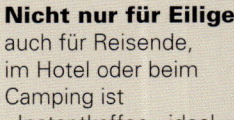

Nicht nur für Eilige:
auch für Reisende,
im Hotel oder beim
Camping ist
»Instantkaffee« ideal.

Wie kommt man auf die Idee, Kaffee als Instant-Pulver herzustellen? Anlass war die Rekordernte in Brasilien 1930. Einen so großen Bedarf an Kaffee gab es auf dem gesamten Weltmarkt nicht, und ein völliger Zusammenbruch der Kaffeepreise war voraussehbar. Um das zu verhindern, wurden die Überschüsse vernichtet, Millionen von Tonnen Rohkaffee. Die Bohnen wurden als Kompost untergepflügt, in »Quemadas« genannten Aktionen als Briketts verbrannt und sogar auf Schiffe verladen und ins Meer geschüttet – kurz, es war eine wirtschaftliche Katastrophe. Um eine Wiederholung zu vermeiden, sollte die verderbliche Ware Kaffee haltbarer und für eine spätere Vermarktung lagerfähig gemacht werden. Die brasilianische Regierung wandte sich an die Schweizer Firma Nestlé, die sich bereits einen Namen mit der Konservierung von Frischmilch in Form von Trockenmilch gemacht hatte. Nach sieben Jahren konnten die Nestlé-Forscher in der Schweiz ihre Erfindung, Extraktion und Sprühtrocknung, vorstellen, welche die Kaffeewelt grundlegend

verändern sollte: »Kaffee ohne Kanne« – löslicher Kaffee. Am 1. April 1938 wurde er als »Nescafé« zum ersten Mal in der Schweiz verkauft. Von dort aus wurde er zunächst in den USA und Großbritannien verbreitet und gelangte 1943 nach Deutschland, wo er allerdings ausschließlich an die Wehrmacht verteilt wurde. Nach dem Zweiten Weltkrieg wurde er durch die in Deutschland stationierte US-Army bekannt und auch mit den Care-Paketen verteilt; bald war er in nahezu allen Ländern der Erde verbreitet. Nescafé wurde zum Synonym für jegliche Art von löslichem Kaffee, auch wenn es namhafte andere Hersteller (z.B. Jacobs) gibt.

Jahrelange Forschungen verbesserten die Qualität; 1965 führte dies zur Anwendung eines weiteren Trocknungsverfahrens, der Gefriertrocknung.

Wie funktioniert heute die Herstellung von löslichem Kaffee? Zunächst werden verschiedene hochwertige Sorten gemischt und geröstet, anschließend relativ grob gemahlen und in die Brühkessel gefüllt, sogenannte Extraktions-Zellen, die mehrere Hundert Kilogramm aufnehmen können. Eine wesentliche Verbesserung des Endproduktes erreichte man dadurch, dass die äußerst flüchtigen und sensiblen Kaffeearomen abgetrennt und, über Wasserdampf gebunden, als Konzentrat eingelagert und erst kurz vor der Trocknung wieder zugeführt werden. Nun wird der Kaffee in einer Reihe hintereinander geschalteter

> »Es gibt nichts Schlimmeres, als auf Kaffee zu warten, wenn er noch nicht da ist.«
>
> Immanuel Kant (1724 – 1804), deutscher Philosoph

Zellen mit heißem Wasser extrahiert und der Kaffeesatz entfernt. Anschließend werden dem Extrakt etwa 50 Prozent des Wassers entzogen, ähnlich dem Brennen von Spirituosen.

Bei der klassischen Sprühtrocknung wird das Konzentrat durch Düsen in einem Trockenturm fein zerstäubt, in einem Heißluftstrom schonend getrocknet und im Fallen gekühlt; das Endprodukt besteht aus kleinen Hohlkügelchen, die so verpackt werden können.

Die Gefriertrocknung macht sich ein Naturphänomen zunutze: Bei Minusgraden im Freien aufgehängte Wäsche gefriert zunächst und trocknet dann. Also wird der Kaffeeauszug auf −40 °C bis −50 °C gekühlt, ein- gefroren, zerkleinert, gemahlen und dann gefriergetrocknet: In einem Vakuum sowie unter langsamer Erwärmung verdampft das restliche Wasser; danach wird das konservierte Aroma wieder zugeführt. Nach der Trocknung bleiben die festen Bestandteile des Kaffees in kleinen, leichten Partikelchen zurück.

In Deutschland kann man heute löslichen Kaffee in großer Vielfalt erhalten, auch als »Espresso« und entkoffeiniert; dabei überwiegen die gefriergetrockneten Produkte.

In nahezu jedem Land werden eigene Produkte angeboten; allein Nestlé, der größte Kaffeekäufer der Welt, produziert über 200 verschiedene lösliche Kaffeeprodukte.

Löslicher Kaffee darf keinerlei Zusätze enthalten und besteht somit aus 100 Prozent reinem Kaffee – die Entkoffeinierung ist zulässig. Etwas anders verhält es sich mit löslichen Kaffeegetränken, die aus löslichem Kaffee mit wechselnden Anteilen Zucker, Milchpulver und Geschmackszusätzen bestehen. Besonders beliebt sind Schokolade, Mandel und Haselnuss sowie Zimt. Der Markt bietet aber auch viele andere Geschmacksnoten wie Minze, Kirsche, Kokosnuss an. Auch hier sind koffeinfreie Varianten seit Langem auf dem Markt.

Marktanteile löslicher Kaffee (Schätzwerte)	
Deutschland	11 %
Österreich	10 %
Großbritannien	93 %
Schweden	10 %
Finnland	4 %
Italien	12 %
Russland	85%
Ungarn	10 %
Slowenien	4 %
Niederlande	4 %
Baltikum	40 %
Schweiz	31 %
Frankreich	25 %
Griechenland	55 %

Löslicher Kaffee
darf keinerlei Zusätze enthalten und besteht aus 100 Prozent reinem Kaffee.

EIN ELIXIER DES LEBENS
DIE PHYSIOLOGISCHE WIRKUNG

Regelmäßige Kaffeetrinker hatten jahrtausendelang nie Zweifel: Kaffee erhöht die Aufmerksamkeit, Konzentrationsfähigkeit, verbessert das Kurzzeitgedächtnis, hebt die Stimmung und erhöht die physische Leistungsfähigkeit. Und er hilft bei diesem und jenem Unwohlsein und sogar Schmerz. Die wissenschaftliche Klärung, ob und warum dies tatsächlich so ist, dauerte aber bis weit ins 20. Jahrhundert hinein und ist längst nicht abgeschlossen.

Die am unmittelbarsten spürbare Wirkung des Kaffees beruht auf dem Inhaltsstoff Koffein, einem Alkaloid, das bei der Photosynthese der Kaffeepflanzen entsteht (1,3,7-Trimethylxanthin) und die weltweit am häufigsten eingesetzte pharmakologische Substanz ist. Nah verwandt mit Theophyllin (im Tee) und Theobromin (im Kakao), ist es ein Purin-Alkaloid, das in höheren Dosen giftig wirkt. Koffein kommt außer im Kaffeebaum auch im Teestrauch, in der Schlingpflanze Guarana, Kakao, Mate, der Kolanuss und etwa weiteren 60 Pflanzen vor. Obwohl Teeblätter weit mehr Koffein als Kaffeebohnen enthalten, nimmt man aufgrund unterschiedlicher Dosierung mit einer Tasse Kaffee doppelt so viel Koffein auf als mit einer Tasse Tee. Zugleich wirkt das Koffein im Kaffee schneller, da beim Tee Aminosäuren und Gerbstoffe die Resorption im Magen-Darm-Trakt hemmen, folglich die Wirkungskurve bei Tee zwar länger anhält, aber weit flacher verläuft. Die in einer Tasse Kaffee/Espresso enthaltenen circa 50 bis 120 mg Koffein werden teils schon von der Magenschleimhaut, der Rest vom Dünndarm

aufgenommen. Die anregende Wirkung, subjektiv oft bereits direkt nach dem Genuss empfunden, setzt erst nach 15 bis 45 Minuten ein, die höchste Konzentration im Blut wird nach etwa eineinhalb Stunden erreicht. Wie schnell, stark und lange das Koffein wirkt, ist aber wesentlich von individuellen Faktoren wie Alter, Gewicht, Größe, Gesundheitszustand und Typus abhängig.

Nur etwa 35 Prozent des aufgenommenen Koffeins erreichen das Gehirn und wirken dort ungefähr vier bis sechs Stunden auf verschiedene Rezeptoren, die Koffein teilweise blockiert, teilweise stimuliert. Die geistig anregende, aufmunternde und stimmungsaufhellende Wirkung basiert darauf, dass Koffein den im Gehirn vorhandenen Botenstoffen, auch Neurotransmitter genannt, wie Dopamin, Serotonin und anderen »Wohlfühl-Hormonen«, den Endorphinen, »den Weg freimacht«.

Da Koffeinmoleküle ähnlich aufgebaut sind wie das körpereigene Hormon Adenosin, das entspannend und verlangsamend auf den Organismus wirkt und müde macht, kann Koffein die Adenosin-Rezeptoren blockieren und damit die Wirkung des Adenosin abschwächen. Dies erklärt zugleich die schmerzlindernde Wirkung des Koffeins, da Adenosin auch für das Schmerzempfinden verantwortlich ist. Die Wirkung der weltweit führenden Substanz ASS

Eine sehr aufwendig gestaltete »Vienna Incomparabile« – eine Kaffeehausmaschine, mit der man am Tisch den Kaffee zubereiten und warm halten konnte.

»Wenn Kaffee giftig ist, dann handelt es sich um ein sehr langsam wirkendes Gift, denn ich trinke seit achtzig Jahren mehrere Tassen Kaffee am Tag, und meine Gesundheit ist davon noch nicht spürbar beeinträchtigt worden.«

Bernard le Bovier de Fontenelle (1657–1757) , französischer Schriftsteller

oder Acetylsalicylsäure (z.B. in Aspirin) wird durch Zugabe von Koffein wesentlich verbessert, eine Untersuchung der Universitätsklinik Freiburg im Jahr 2001 wies sogar eine 26-mal stärkere Wirkung nach.

In einigen Fällen wirken ein bis zwei Tassen Kaffee sogar besser als Tabletten, so etwa zur Vorbeugung von Muskelschmerzen bei Leistungssportlern, wie eine Studie der Universität von Georgia, USA, herausfand; allerdings gilt dies offenbar vor allem für Menschen, die eher selten Kaffee trinken. Darüber hinaus unterstützt Koffein die Herztätigkeit, indem es auf den Atrioventrikularknoten, den zentralen Impulsgeber des Herzens, einwirkt. Auch dem Herzmuskel kommt also die allgemeine Muskelstimulation, hervorgerufen durch Koffein, zugute.

Von der Erweiterung der Bronchien und damit einer vertieften Atmung, hervorgerufen von Koffein ebenso wie von dem verwandten Theophyllin, das in Spuren im Kaffee vorhanden ist, profitieren Asthmakranke ebenso wie Sportler. Die muskelstimulierende, kreislaufstabilisierende und atmungsvertiefende Wirkung wird folglich beim Sport auch vor Wettkämpfen genutzt, Koffein wurde als »Nicht-Droge« von der Dopingliste genommen und der Maximalwert vor einem Wettkampf auf 9 mg/kg Körpergewicht festgelegt.

Beteiligt ist Koffein auch an der komplexen Wirkung von Kaffee auf unser Verdauungssystem, da er nachweislich die Kontraktion der Gallenblase und die Darmperistaltik stimuliert. Der Verdacht, dass Kaffee an der Entstehung von Magen-Darm-Geschwüren, Gastritis oder Darmkrebs beteiligt sei, konnte dagegen nicht bestätigt werden. Frischer Filterkaffee oder Espresso irritiert den Magen normalerweise nicht. Allerdings sollten Magenempfindliche Kaffee nicht nüchtern zu sich nehmen und magenfreundliche Röstungen vorziehen. Nachgewiesen ist ebenfalls die anregende Wirkung auf die Leber: Kaffee unterstützt ihre Entgiftungsfunktion, was umso wichtiger ist, als die Leber des Menschen in der modernen Industriegesellschaft heute durch vielerlei Faktoren stärker belastet wird als früher. Da inzwischen auch erwiesen ist, dass Kaffee dem Körper kein Wasser entzieht, können wir Kaffee, in maßvollen Mengen getrunken, auch zur Flüssigkeitsbilanz dazurechnen.

Zusammenfassend kann man feststellen, dass Kaffee mit seinen zahlreichen Wirkungen auf den menschlichen Organismus nach heutigem Kenntnisstand ein der Gesundheit dienliches »Lebensmittel« ist, das viele körperliche Funktionen unterstützt – und manche zivilisationsbedingte körperliche Störung korrigiert.

Eine Pause abseits vom Arbeitsplatz, wie hier im modern gestylten Café Walden in Frankfurt, mit einem guten Expresso oder Cappuccino, hilft Stress abzubauen und neue Energien zu aktivieren.

Rohkaffeebohnen aus Kolumbien, das lange Zeit nach Brasilien Rang 2 der Kaffee-Exportländer besetzte.

KAFFEE ALS BEDEUTENDES HANDELSGUT

Bevor die Rohkaffeebohnen verschifft werden, wiegt und prüft man die Säcke ein letztes Mal.

AGRARPRODUKT KAFFEE

DIE WIRTSCHAFTLICHE BEDEUTUNG DES KAFFEES IN DEN ANBAULÄNDERN

Jeden Tag werden weltweit über eine Milliarde Tassen Kaffee getrunken. Die weltweite Nachfrage bewegt sich auf einem Niveau von rund 123 Millionen Sack Kaffee (2007). Die wirtschaftliche Bedeutung von Kaffee ist enorm – er ist eines der wichtigsten Welthandelsgüter überhaupt. Weltweit sind in Anbau- und Verbraucherländern nach heutigen Schätzungen mehr als hundert Millionen Menschen im Kaffeegeschäft tätig.

Ein so bedeutendes Handelsgut löst zwangsläufig auch Begehrlichkeiten aus. Zwischen den mehr als 70 Staaten, vor allem Entwicklungs- oder Schwellenländern, die Kaffee auf einer Gesamtfläche von über 11 Millionen Hektar anbauen und exportieren, und den Importländern, hauptsächlich Industriestaaten, besteht ein starkes wirtschaftliches und soziales Gefälle. Da Anbau, Ernte und Weiterverarbeitung überaus arbeitsintensiv sind, ist Kaffee in den Produktionsländern ein gewaltiger Arbeitgeber: Schätzungsweise 25 Millionen Menschen sind in kleinbäuerlichen Strukturen, Kooperativen oder auf großen Plantagen beschäftigt.

Vom Kaffee hängen häufig das gesamte Sozialgefüge und der Lebensstandard einer Region, wenn nicht des ganzen Landes ab: Indem er für viele Kleinbauern die Möglichkeit schafft, überhaupt Geld zu verdienen, wenn auch nur für die wichtigsten Bedürfnisse, verhindert er weitere Landflucht. Vor allem aber erwirtschaften die Produktionsländer damit einen wesentlichen Teil ihrer Devisen, die sie für die Tilgung von Schulden und für Importe von Investitions- und Konsumgütern benötigen.

Um sich aus der Abhängigkeit von diesem einen Produkt zu befreien, arbeiten die meisten der produzierenden Länder darauf hin, weitere Industrien zu entwickeln und andere exportfähige Agrarprodukte anzubauen. Tatsächlich ist dies den meisten gelungen, sodass der Export von Kaffee nur noch in vier Ländern mehr als 25 Prozent der Exporterlöse ausmacht.

Die Schwankungen der Kaffeepreise schlagen bei diesen Ländern besonders stark durch, wie die folgenden Zahlen verdeutlichen: 1986 erlöste der Weltrohkaffeehandel über 14 Milliarden US-Dollar, in den folgenden Jahren bis 1990/91 aber durchschnittlich nur 7,5 Mrd. Von 1991 bis 1993/94 fielen die Erlöse unter 6 Milliarden, um im Kaffeejahr 1994/95 wieder auf 12,2 Milliarden anzusteigen. Doch ab 1998/99 sanken sie zunächst auf knapp 10 Milliarden US-Dollar, 2001/02 fielen sie drastisch auf nurmehr 4,9 Milliarden – um allmählich wieder anzusteigen: Im Kaffeejahr 2006/2007 wurde mit 12,4 Milliarden tatsächlich der Wert von 1996/97 wieder erreicht.

> »Der Kaffee stärkt unsere analytischen Fähigkeiten, während ein Tee sich in der Welt versöhnt, daher auch seine vielen Farben, um die Anpassung zu erleichtern; und so ist guter Kaffee immer nur schwarz.«
>
> Bodo Kirchhoff (deutscher Schriftsteller), »Wo das Meer beginnt« 2004

Istanbul war im 18. Jahrhundert eine der legendären Kaffeemetropolen.

Ohne menschliche Hand-arbeit sind Kaffeeanbau, Ernte und Verarbeitung bis heute nicht denkbar.

EXPORT ROHKAFFEE WELTWEIT (ARABICA + ROBUSTA ICO)
Beispiele verschiedener wichtiger Kaffee-Anbauländer in den
Jahren 2002, 2005 und 2007, in 1000 Sack à 60 kg

Land	A Arabica R Robusta	2002	2005	2007
Angola	R	57	25	100
Äthiopien	A	3693	4003	5733
Brasilien	A/R	48480	32944	33740
Elfenbeinküste	R	3145	2396	2350
Indien	A/R	4588	4567	4850
Indonesien	R/A	6785	8659	7000
Kenia	A	945	640	925
Kolumbien	A	11889	12329	12400
Mexiko	A	4350	4225	4350
Papua-Neuguinea	A/R	1085	1268	1043
Uganda	R/A	2890	2159	2750
Vietnam	R	11555	13595	15950
Simbabwe	A	110	66	50

Aus diesen Zahlen lassen sich nicht nur die großen Unterschiede der Gesamt-
mengen ablesen, sondern auch die Schwankungen in den Erntemengen,
manchmal, wie in Simbabwe, auch politische Wirren. Kaffee wird überwiegend,
ca. 95 Prozent, als Rohware exportiert, aber in den letzten Jahren lassen Länder
zunehmend auch im Erzeugerland rösten.

Diese teils dramatischen Schwankungen, geschichtlich nichts Auffälliges, hinterlassen in den betroffenen Ländern tiefe Spuren. So hatten die für die Anbauländer »goldenen« Preise der 1990er Jahre eine erhebliche Ausdehnung der Anbauflächen zur Folge, meist ohne Rücksicht auf die Kaffeequalität oder auf mögliche ökologische Schäden; auch wurde die weitere Entwicklung des Markts kaum angemessen bedacht. Das bekannteste Beispiel dafür ist Vietnam, ein bis dahin unbekanntes Kaffeeland, das heute auf Platz 2 der deutschen Importländer steht! Das daraufhin folgende Ungleichgewicht bei Angebot und Nachfrage führte zu starken Preisschwankungen und letztlich zum Preisverfall – und zur Verarmung der Kaffeebauern und Erntearbeiter. Dass auch sie vom augenblicklichen Aufwärtstrend profitieren und langfristig auf eine Stabilisierung der Preise vertrauen können, bleibt erklärtes Ziel diverser nationaler und internationaler wirtschaftspolitischer Strategien. Eine Strategie besteht darin, die Kaffeequalität im Anbauland weiter zu verbessern. Dies entspricht der aktuellen Tendenz in einigen Verbraucherländern, nicht zuletzt in Deutschland, dem zweitstärksten Importland nach den USA, beim Kaffeekonsum bewusst auf mehr Qualität zu achten.

Die Erzeugerländer verbrauchen im eigenen Lande von ihrer Gesamtproduktion:

Äthiopien	46 %
Brasilien	36 %
Indonesien	27 %
Indien	24 %
Mexiko	35 %
Kolumbien	11 %
Kuba	88 %

Vietnam, das zweitgrößte Kaffee-Exportland, liefert weltweit inzwischen rund 20 Millionen Sack Rohkaffee.

An der Kaffeebörse in New York ging es zuweilen hoch her. Doch diese Art der »Parkettbörse« ist Vergangenheit. Kaffee-Termingeschäfte finden heute am Computer statt.

KAFFEEBÖRSEN UND TERMINGESCHÄFTE

WIE DER ROHKAFFEEHANDEL FUNKTIONIERT

Auch der Kaffeehandel lebt vom Verhältnis von Nachfrage und Angebot. Beides stieg in den letzten zehn Jahren weltweit beträchtlich: Waren es 1996 noch gerade 100 Millionen Sack à 60 Kilogramm, konnte man im Kaffeejahr 2006/2007 bereits 122,8 Millionen Sack absetzen. Die Produktion wuchs noch um einiges mehr. Es wurden rund 30 Prozent mehr Rohkaffee produziert als 1996, nämlich 127 Millionen Sack. Während die Erntemenge schwankt, steigt die Nachfrage kontinuierlich. 2007 haben die Lagerbestände an Rohkaffee einen Stand von 25,3 Millionen Sack erreicht, da die Ernte deutlich geringer, bei circa 118 Millionen Sack, lag. Und dabei beginnen China, Russland und Indien gerade erst, Kaffee zu trinken …

> »DEN Kaffeepreis gibt es nicht, da Kaffee kein uniformes Produkt ist. Der Preis jeder einzelnen Warensendung wird von einer Reihe von Faktoren bestimmt.«
>
> International Coffee Organization

Die Mengen an produziertem Rohkaffee sind eine Sache, die Erlöse für diesen eine ganz andere. Grundsätzlich gibt es zwei Wege des Kaffeehandels: Beim sogenannten physischen Kaffeegeschäft tritt der Kaffee-Exporteur im Anbauland direkt mit seinen Handelspartnern in den Konsumländern in Verbindung.

Immer größer wird jedoch die Bedeutung der Börse, für Arabica das New York Board of Trade (NYBOT), die bei Weitem größte Kaffeebörse der Welt, für Robusta die London International Financial Futures Exchange (LIFFE). Die Terminbörse in New York wurde bereits 1882 als »coffee exchange of New York City« gegründet. Einige unbedeutendere Börsen existieren heute nur noch in Sao Paulo für Arabica und in Tokio für Arabica und Robusta, außerdem noch in Santos in Brasilien. Die deutsche Kaffeebörse in Hamburg wurde bereits 1956 geschlossen. Der Tagesbörsenpreis mag als Barometer für den physischen Kaufabschluss messbarer und klar definierter Qualitäten gelten, bei einem Agrarprodukt mit derart vielen Qualitätsabstufungen und vielen Risiken (Missernten, Unruhen in den Erzeugerländern, internationale Währungsschwankungen etc.) ist der Sachverhalt komplizierter. Der internationale Handel mit Rohstoffen wie Kaffee wird deshalb weitestgehend über Warenterminmärkte von Computern aus abgewickelt. Leicht vereinfacht formuliert, läuft dieser Vorgang in der Regel folgendermaßen ab:

Die Rösterei oder andere Einkäufer der Kaffeeindustrie im Verbraucherland kaufen langfristig beim Importeur ein. Zugleich wird über Warentermingeschäfte an der Börse das Risiko von Währungs- und extremen Preisschwankungen abgesichert. Die Preisfindung richtet sich nach dem Verhältnis von Angebot und

Die Hamburger Kaffeebörse war um 1900 ein bedeutender Handelsplatz.

Solche riesige Mengen Kaffee zu trocknen ist harte und langwierige Arbeit – hier auf einer Kaffeeplantage in Yirgacheffe, Äthiopien.

Nachfrage weltweit, welches an den Rohkaffeebörsen in New York, London oder Santos in einem Preis für die Durchschnittsqualität fixiert wird. Dieser Preis dient dann als Grundlage für die Verhandlungen zwischen Erzeuger und Röster. Verkäufer und Käufer verhandeln dann darüber, wie hoch zum Beispiel der Preisaufschlag auf den Durchschnittspreis für eine besonders gute Qualität ist.

In diesem harten Wettbewerb spielt die Unternehmensgröße natürlich eine entscheidende Rolle. In Deutschland haben sich wie in den meisten anderen Industrieländern seit den 1950er Jahren die Handels-, Produktions- und Betriebsstrukturen stark verändert. Dies zeigt auch die folgende Entwicklung:

Gab es in den 1950er Jahren noch mehrere Tausend Kaffeehändler und Kaffeeröster, so existieren derzeit nur mehr ein paar Dutzend Kaffeehändler und etwa 200 Röstereien. Allerdings nimmt die Zahl der Röstereien in jüngster Zeit wieder zu.

Rohkaffee – Einfuhren nach Deutschland in 2007 in Sack à 60 kg	
Brasilien	4.794.380
Vietnam	3.904.659
Kolumbien	1.471.539
Peru	1.036.461
Indonesien	901.932
Äthiopien	578.720
El Salvador	447.749
Uganda	367.435
Papua-Neuguinea	324.654
Tansania	313.565
Mexiko	295.605
Guatemala	265.468
Indien	236.514
Kenia	208.026

Interessant ist hier der raketenartige Aufstieg von Vietnam. Dessen wesentlich günstigere Preise verdrängten nun den ewigen Zweiten: Kolumbien.

Viele kleine Röster sehen jetzt eine Chance, mit Frische und hochwertigen Mischungen gegen einen oligopolen Markt, also einen Markt von wenigen Anbietern, bestehen zu können. Das heißt, dass derzeit vier große Unternehmen fast 50 Prozent des weltweiten Rohkaffeehandels abwickeln, im Röstkaffeebereich dominieren vier Global Player mit fast 40 Prozent Marktanteil.

In den zehn wichtigsten Verbraucherländern, darunter USA, Italien, Deutschland und die skandinavischen Länder, hat sich jeweils eine vergleichbare Entwicklung durchgesetzt; meist beherrschen vier bis fünf Unternehmen bis zu 95 Prozent des Marktes. Dies macht es kleineren Firmen relativ schwer zu wachsen, denn deren Wertschöpfung bleibt einfach zu gering, ein Faktor, der bereits in den 1970er Jahren den Großteil der deutschen Kaffeeanbieter zur Aufgabe zwang. Die äußerst unterschiedlichen Preise für Röstkaffee, gemahlen oder in Bohnen, erklärt sich auch durch diese Umstände.

Auch wenn die Rohkaffeepreise seit mehreren Jahren ständig steigen, und so wie es heute aussieht, weiter steigen werden, heißt dies nicht, dass die Kaffeebauern im gleichen Verhältnis daran verdienen. Spekulanten, Investmentgesellschaften, Hedgefonds und Privatleute treiben die Preise und profitieren davon. Doch zum Glück ist hier seit einigen Jahren ein Umdenkungsprozess im Gange, der auch in vielerlei Weise Taten zur Folge hatte.

Der Weg der Rohbohne vom Kaffeebaum bis zur Zubereitung einer Tasse Kaffee ist weit und kompliziert. Der internationale Kaffeehandel wird heute zum großen Teil elektronisch abgewickelt.

Ungeröstete Rohkaffee-bohnen warten auf ihre Weiter-verarbeitung. Rund 7 Millionen Tonnen Rohkaffee werden jährlich weltweit verbraucht.

HAMBURGER

WARE KAFFEE

VOM PRODUZENTEN BIS ZUM RÖSTER

Der Kaffeepreis gilt als »sensibel«, das heißt, er wird vom Endkunden genau beobachtet. Um die Bildung der Endpreise besser zu verstehen, sehe man sich die lange Kette der vielen Hände an, durch die der Kaffee schließlich zum Konsumenten gelangt.

Abhängig von Kaffeesorte, Größe und Art der Kaffeepflanzungen und der Bearbeitung, also ob nass oder trocken aufbereitet wird, ergeben sich ganz unterschiedliche Verkaufswege. Prinzipiell können an der Vermarktung des Kaffees die folgenden Personen und Institutionen beteiligt sein: Vom Pflanzer über Kooperativen, Verarbeiter und Zwischenhändler sowie Exporteure oder staatliche Vermarktungsorganisationen gelangt der Rohkaffee schließlich auf das Schiff; Agenten, Warenterminhändler und Importeure begleiten ihn auf seinem Weg bis zum Röster. Es versteht sich von selbst, dass jede einzelne Station auch Geld kostet, was sich auf den Endpreis für den Konsumenten niederschlägt.

Zu den weiteren Faktoren für die Entwicklung des Endpreises gehören außerdem Energie- und Frachtkosten, Verpackungs- und Lagerkosten, Personalkosten – und nicht zuletzt die Kaffeesteuer.

Große und kleinste Betriebe kaufen ihre Rohkaffees beim Importeur. Schließlich kennt und führt dieser aus dem weltweiten aktuellen Angebot die gesuchten Sorten auf Termin. So spart der Röster Lagerplatz und -kosten und arbeitet »just in time« nach jeweiliger Nachfrage. Mischungen werden zwar aus fünf bis sieben, selten bis zu zwanzig verschiedenen Sorten definiert, können und müssen aber variabel auf Verfügbarkeit einstellbar sein. Also spielen neben Qualität und Liefertermin die Tagespreise für den Einkäufer eine große Rolle.

Wenn der Rohkaffee in Containern beispielsweise von Südamerika aus nach drei bis vier Wochen auf See in Hamburg ankommt, ziehen Lagerhalter oder Quartiersleute Proben, um Qualität und etwaige Schäden, wie etwa Nässe, festzustellen. Danach kann der Kaffee in Silos oder weiter in Säcken eingelagert werden. Aus dem Hafenlager wird der Rohkaffee noch unversteuert, also verplombt, zur Rösterei verbracht. Die Kaffeesteuer ist in Deutschland sehr hoch; sie beträgt 2,19 Euro pro Kilogramm und fällt direkt nach dem Rösten an. Für löslichen Kaffee beträgt sie sogar 4,78 Euro.

Im Jahre 2006 wurden 973 Millionen Euro an den deutschen Fiskus abgeführt, im Jahr 2007 sogar 1,06 Milliarden Euro. Somit entfallen bei einem Durchschnittspreis von rund 4,00 Euro für 500 Gramm Kaffee (2007/2008) im Supermarkt noch rund 29 Prozent Steuern an. Vorsicht ist beim Internetkauf von Kaffee geboten: Falls der Händler aus dem Ausland verkauft, muss gegebenenfalls der Käufer die Kaffeesteuer selbst entrichten. Das Kaffeesteuergesetz wird vom deutschen Zoll konsequent angewandt, die Zahl der Ermittlungsverfahren wegen Hinterziehung der Kaffeesteuer erreicht mittlerweile mehrere Tausend pro Jahr – mit steigender Tendenz. Auch

> »Kaffee ist die Milch der Denker und Schachspieler.«
>
> Arabisches Sprichwort

Die Qualitätsprüfung in Hamburgs Speicherstadt verlangt viel Wissen, jahrelange Erfahrung und eine gut trainierte Wahrnehmung.

Die Qualität eines Cappuccino hängt von der Güte des Espresso, dem Verhältnis Espresso/Milchschaum, der Konsistenz des Milchschaums – und der Kunst des Baristas ab.

für den Privatverbrauch ist der Kauf aus dem Ausland über das Internet nur für den steuerfrei, der von einer Privatperson kauft und seine Bestellung anschließend selbst im Ausland abholt.

Auf die Kaffeesteuer werden dann auf das Endprodukt noch einmal 7 Prozent Mehrwertsteuer erhoben. Der geröstete, gegebenenfalls gemahlene Kaffee wird nun verpackt und gelangt in den Handel. Nachdem Kaffee heute tatsächlich überall verfügbar ist, spielen die Logistik und der Vertrieb die entscheidende Rolle, um das Produkt so schnell wie möglich an den Endkunden zu bringen.

KAFFEESCHMUGGEL

In der Kulturgeschichte des Schmuggels spielt der Kaffee eine große Rolle. Natürlich schmuggelte man überall, wo die Umgehung von Zöllen oder hohen Steuern große Gewinne versprach – bzw. sich der kleine Mann nur so bestimmte Genussmittel leisten konnte. Bereits die ersten mit Kaffee beladenen Schiffe, die einst den Hafen von Mocha verließen, wurden von »Partnerschiffen« begleitet, die einen Teil der Ware inoffiziell »abzweigten« und exportierten. Man schätzt, dass in Preußen, als Friedrich II. 1766 das Staatsmonopol auf Kaffee erhob, das er 1780 auch auf das Rösten von Kaffee ausdehnte, bis zu seinem Tode im Jahr 1786 viele Tausende von Bürgern ihren Lebensunterhalt mit Schmuggel bestritten. Etwa die Hälfte von allem im Lande getrunkenen Kaffee soll auf diese Weise gehandelt worden sein. In den anderen deutschen Kleinstaaten sah die Lage sicher nicht viel anders aus. Die Tricks, die Zöllner zu täuschen, waren überaus phantasievoll und manchmal Oscar-reif inszeniert: Teilnehmer von kirchlichen Prozessionen trugen unter der Kleidung Kaffee über die Grenze, Trauerzüge transportierten in den Särgen keine Leichen, sondern Kaffee – und wer kein Risiko eingehen wollte, läutete die Pestglocke dazu, die auch den ehrgeizigsten Zöllner vom Nachschauen abhielt. Eine beliebte Methode war es auch, Puppen mit Kaffee zu füllen, die man dann unschuldigen kleinen Mädchen in den Arm gab.

Doch auch im 20. Jahrhundert hatte man immer wieder Gründe, seinen Kaffee lieber zu schmuggeln als zu kaufen. Vor dem Ersten Weltkrieg erlöste der Kaffeezoll rund 12 Prozent der gesamten Steuereinnahmen des Kaiserreiches. Nach dem Zweiten Weltkrieg gehörte Kaffee zu den begehrtesten Gütern auf dem Schwarzmarkt. Noch im Jahre 1950 wurden mindestens 200 Tonnen Kaffee von Holland über die Grenze ins wesentlich teurere Deutschland geschmuggelt. Bis dahin betrug die Gesamtsteuerbelastung pro Kilogramm 17,30 Deutsche Mark! Erst 1953 wurde die Kaffeesteuer von zehn auf drei Mark reduziert.

Auch heutzutage ist eine Kaffeesteuer von 2,19 Euro pro Kilogramm sicherlich Motiv für viele, sich ihren Espressokaffee aus Italien mitzubringen ...

> »Ungefähr ein Drittel des Kaffees, der in den Jahren 1945 bis 1953 an Rhein und Ruhr getrunken wurde, war Schmuggelware. In den Dörfern entlang der belgischen Grenze war in den ersten Nachkriegsjahren fast jeder ein bisschen kriminell: Die einen schmuggelten den Kaffee, die anderen genossen ihn.«
>
> Kaffeeschmuggel in der Nachkriegszeit, WDR 2006

Kaffee wird heute zu 98 Prozent in Containern transportiert, darin als lose Bulkware oder in Säcken.

Die ganze Familie hilft bei der Ernte. Der Anbau von Kaffee trägt wesentlich dazu bei, die Landflucht zu verhindern.

KOOPERATION FÜR DIE ZUKUNFT

NACHHALTIGKEIT IN DER KAFFEEWIRTSCHAFT

Einer der wichtigsten Begriffe der letzten beiden Jahrzehnte ist »Nachhaltigkeit«. Nachhaltige Entwicklung bedeutet, wirtschaftliche, soziale und ökologische Ziele in ein ausgewogenes und stabiles Gleichgewicht zu bringen. Zum einen geht es darum, wirtschaftliches Wachstum zu fördern, um allgemein den Wohlstand zu mehren und unterschiedlichen sozialen Gruppen gerechte Chancen zu eröffnen; zum anderen sollen dabei im Sinne des Umweltschutzes natürliche Ressourcen so genutzt werden, dass sie für zukünftige Generationen erhalten bleiben.

Die UN-Kommission für Umwelt und Entwicklung hat Nachhaltigkeit bereits 1987 definiert:

»Entwicklung zukunftsfähig zu machen, heißt, dass die gegenwärtige Generation ihre Bedürfnisse befriedigt, ohne die Fähigkeit der zukünftigen Generation zu gefährden, ihre eigenen Bedürfnisse befriedigen zu können.«

Der Kaffeeanbau soll sowohl den heutigen Produzenten und Verarbeitern als auch den nachfolgenden Generationen eine stabile und angemessene Einkommens- und Lebensgrundlage bieten. Weltweit leben rund 25 Millionen Familien vom Kaffeeanbau.

Unternehmen, Organisationen und Einzelpersonen engagieren sich auf unterschiedliche Weise, um einen nachhaltigen Kaffeeanbau zu unterstützen. Hierzu zählt auch die Internationale Kaffeeorganisation (International Coffee Organization, kurz: ICO), Beim sogenannten »Cupping« eine 1963 gegründete Organisation, in der 45 Produzenten- und 32 Konsumentenländer vertreten sind (Stand: Juli 2007). Die ICO ist das zentrale Forum für die Kooperation der weltweiten Kaffeegemeinschaft.

Für die wirtschaftliche Nachhaltigkeit des Kaffeeanbaus spielen die Rohkaffeequalität, die Aufbereitungsform (ob etwa nass oder trocken aufbereitet wird) und die Vermarktungswege eine wichtige Rolle. Während große Plantagen direkt an internationale Händler verkaufen können, haben die kleinsten, meist bäuerlichen Familienbetriebe den längsten und damit teuersten Weg. Projekte in den Anbauländern zeigen, dass durch Weiterbildungsmaßnahmen die Ernteerträge, die Kaffeequalitäten und damit auch das Einkommen der Beteiligten nachweisbar verbessert werden.

Ansatzpunkte für mehr Nachhaltigkeit reichen von der Verbesserung des Farmmanagements und des Marktzugangs bis hin zu ökologischen Aspekten wie Erosionsschutz und Schattenbaumbepflanzung. Aber auch soziale und ökologische Zielsetzungen, die nicht unmittelbar mit dem Kaffeeanbau zusammenhängen, wie die Gesundheitsaufklärung und die Sensibilisierung für Umweltschutz allgemein, sind Teil von Nachhaltigkeitsansätzen.

Schulungsprojekte in den Anbauländern sind ein Weg zur Unterstützung der Nachhaltigkeit. Ein weiteres Instrument ist die Zertifizierung von Kaffeefarmen. Organisationen wie Transfair oder die

> »Kaffee ist eine globale Handelsware. Seine Bedeutung für die Weltwirtschaft kann gar nicht überschätzt werden.«
>
> International Coffee Organization

Nach der optischen Kontrolle des gerösteten Kaffees kommt die geschmackliche Prüfung. Beim sogenannten Cupping werden die Muster unter exakt gleichen Bedingungen gebrüht und verkostet.

Da man den gerösteten Bohnen meist weder Herkunft noch Gehalt ansehen kann, muss der Kunde der Zertifizierung vertrauen können, eine große Verantwortung für die Röster.

INTERNATIONAL
COFFEE
ORGANIZATION

Umweltschutzorganisation Rainforest Alliance setzen so Anreize für die Einhaltung bestimmter Umwelt-, Sozial- und Wirtschaftsstandards. Zertifizierung bringt vielfach eine Wertsteigerung der Kaffees mit sich und damit erhöhte Einkünfte für die Farmer. Für den Konsumenten sind zertifizierte Kaffees aus nachhaltigem Anbau an einem Siegel auf der Packung erkennbar. Auf dem deutschen Markt sind insbesondere das Fairtrade-Siegel und das Siegel mit dem grünen Frosch der Umweltschutzorganisation Rainforest Alliance vertreten. Da Nachhaltigkeit nicht über Billigpreise gesichert werden kann, bedarf es der bewussten Kaufentscheidung des Konsumenten. Bislang liegt in Deutschland die Nachfrage nach zertifizierten Kaffees bei rund zwei Prozent des Gesamtkaffeemarkts.

4C – COMMON CODE FOR THE COFFEE COMMUNITY

2002 entstand auf gemeinsame Initiative der deutschen Entwicklungszusammenarbeit und der deutschen Kaffeewirtschaft ein Projekt zur Förderung der Nachhaltigkeit im Kaffeeanbau, das unter dem Namen 4C (Common Code for the Coffee Community)

> »Die Menschen müssen sich darüber klar werden, wer hinter den Produkten steht, die sie täglich konsumieren, dann können sie mit ihrem Verhalten und ihrer Kaufentscheidung etwas verändern!«
>
> Tadesse Meskela, Geschäftsführer einer Fairtrade-zertifizierten Kooperative in Äthiopien

bekannt wurde. Hierbei ging es zunächst um die Ausarbeitung eines Kodexes grundlegender Sozial-, Wirtschafts- und

Umweltstandards für den Anbau des sogenannten »Mainstream«-Kaffees. Unter »Mainstream«-Kaffee sind die rund 95 Prozent der Welt-Kaffeeernte zu verstehen, die nicht bereits durch erfolgte Zertifizierung an bestimmte Sozial- oder Umweltstandards gebunden sind.

Nach einer mehrjährigen Phase der Ausarbeitung des 4C-Kodex und der Durchführung von Pilotprojekten in verschiedenen Ländern ist aus dem Projekt die eigenständige 4C-Organisation hervorgegangen, die Farmen bei der Umstellung auf 4C-Standards unterstützt (zum Beispiel durch Know-How-Transfer). Mitglieder der Organisation sind Verbände und Kooperativen aus den Anbauländern, Industrie- und Handelsunternehmen sowie zivilgesellschaftliche Organisationen.

Kaffee von 4C-Farmen ist zwar bereits auf dem Kaffeemarkt verfügbar, er wird aber nicht durch ein Siegel gekennzeichnet, um nicht in Wettbewerb zu anderen Nachhaltigkeitsinitiativen zu treten. 4C will durch seine Arbeit die Grundvoraussetzungen für Zertifizierungen nach noch anspruchsvolleren Standards schaffen.

FAIRTRADE

Der gemeinnützige Verein TransFair – Verein zur Förderung des Fairen Handels

Neuerdings probieren Kaffeeliebhaber auch zunehmend »single origins«, auch um die Eigenheiten einzelner Provenienzen besser kennenzulernen.

Bei dieser Luftaufnahme von einer Kaffeeplantage lassen sich sowohl Schattenbäume wie Windschutz gut erkennen.

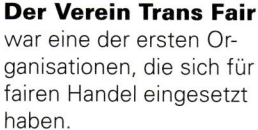

Der Verein Trans Fair war eine der ersten Organisationen, die sich für fairen Handel eingesetzt haben.

Nachhaltigkeit bedeutet auch bessere Arbeitsbedingungen für die Produzenten – hier für Frauen beim Sortieren von Rohkaffee.

mit der »Dritten Welt« e.V. nahm 1992 seine Arbeit auf. Der Verein handelt nicht selbst mit Waren, sondern vergibt ein Zertifikat: das »Fairtrade-Siegel«.

Dieses steht für die Einhaltung der internationalen Standards der Fairtrade Labelling Organization International (kurz: FLO). Hierzu zählt beispielsweise, dass der Kaffee direkt von registrierten Genossenschaften beziehungsweise Kleinbauernorganisationen gekauft wird.

Darüber hinaus werden von der Fairtrade Labelling Organization in Abstimmung mit den Produzenten Mindestpreise festgesetzt, die die Produktionskosten und die alltäglichen Lebenshaltungskosten abdecken. Bei diesem System geht es insbesondere darum, die Preise von den Preisschwankungen auf den Märkten loszukoppeln. Ein Teil des in den Konsumländern erlösten Preises wird in den Anbauländern über Kooperativen in geeignete Bildungs-, Umwelt- und Sozialprogramme und die medizinische Versorgung abgeführt. Inzwischen profitieren rund eine Million Bauern und Pflückerfamilien in rund 58 Ländern davon; in den ersten zehn Jahren wurden allein mit Kaffee über 150 Millionen Direkteinnahmen erzielt. Während früher

beim Fairtrade ökologische Kriterien so gut wie keine Rolle spielten, zahlt Fairtrade heute für Kaffee aus biologischem Anbau einen Bio-Aufschlag.

RAINFOREST ALLIANCE

Die internationale Umweltschutzorganisation Rainforest Alliance, die sich für den Erhalt der Artenvielfalt und die nachhaltige Bewahrung von Lebensräumen für Menschen, Tiere und Pflanzen einsetzt, hat ihre Bemühungen in den letzten Jahren im Bereich Kaffeeanbau verstärkt.

Um den Raubbau an Urwäldern einzuschränken, zertifiziert die Organisation jene Kaffeefarmen, die festgelegte hohe Umwelt- und Sozialstandards erfüllen. Die Standards der Rainforest Alliance stehen dafür, dass der Kaffee auf Plantagen angebaut wurde, auf denen

Die Ziele von Rainforest Alliance sind anspruchsvoll, ihre Umsetzung erfordert viel Engagement und langfristiges Durchhaltevermögen.

»Immer mehr Farmbetriebe oder landwirtschaftliche Erzeugergemeinschaften und -kooperativen in den tropischen Anbauländern stellen ihre Landwirtschaft auf nachhaltig ausgerichtete Methoden nach den Standards der Rainforest Alliance um ... Den größten Anteil hat mittlerweile der Rohstoff Kaffee.«

Rainforest Alliance

Wälder, Gewässer, Boden sowie wild lebende Tier- und Pflanzenarten geschützt und erhalten werden. Diese Plantagen sollen sozusagen »Outdoor-Klassenräume für innovative landwirtschaftliche Techniken sein, die als Modelle für die ländliche Entwicklung, die Erweiterung von Naturräumen, als biologische Korridore und als Wasserscheiden für die Bereitstellung von sau-

Seit Jahrzehnten zeigte diese Art von Kaffeemaschine, hier eine klassische zweigruppige E Faema 61, dem Gast: Hinter jeder Tasse steckt persönliche Mühe um ein perfektes Produkt.

berem Trinkwasser dienen«. Außerdem müssen die Arbeiter und ihre Familien Zugang zu Bildung und medizinischer Versorgung haben sowie angemessen bezahlt werden. Das Zertifizierungsprogramm wird vom Sustainable Agriculture Network verwaltet, einem Zusammenschluss von Naturschutzgruppen in Belize, Brasilien, Kolumbien, Costa Rica, Ecuador, El Salvador, Guatemala, Honduras, Mexiko und in den Vereinigten Staaten. Kaffee, der auf von Rainforest Alliance zertifizierten Farmen angebaut wurde, ist am Siegel mit dem grünen Frosch zu erkennen.

Bio nach EG-Öko-Verordnung

füllen. Hierzu zählt, dass sie ohne den Einsatz synthetischer Pflanzenschutzmittel und ohne leicht lösliche mineralische Dünger angebaut wurden.

Darüber hinaus gibt es eigenständige Bio-Verbände, die zum Teil noch weitergehendere Kriterien für die Verleihung ihres Siegels festgesetzt haben. Zu den weitergehenden Anbauvoraussetzungen zählt das Kriterium des sogenannten Mischanbaus. Kaffee wird bei dieser Anbauform zwischen anderen Bäumen, Gewürzpflanzen und Obstkulturen angepflanzt. Dadurch wird der Boden vor Austrocknung geschützt und auf natürlichem Wege die Fruchtbarkeit der Böden erhalten. Zudem spenden die anderen Bäume

BIO-KAFFEE

Ein weiteres Segment, bei dem es um die Einhaltung bestimmter Kriterien geht, ist Bio-Kaffee. Kaffees, die das europäische Bio-Siegel oder das Siegel eines eigenständigen Bio-Verbandes tragen, müssen die Anbauvoraussetzungen der ökologischen Landwirtschaft erfüllen. Die Kriterien verschiedener Bio-Initiativen unterscheiden sich zwar voneinander. Es gibt aber einige grundlegende Prinzipien.

Mit dem EU-Bio-Siegel können ab 2009 Produkte ausgezeichnet werden, die bestimmte Mindestanforderungen er-

> Alle Bio-Siegel möchten dem Verbraucher auf den ersten Blick signalisieren: Dieses Produkt stammt aus ökologischer Landwirtschaft. Seine Herkunft und seine Verarbeitung wurden kontrolliert. Kaffee ist einer der wenigen Import-Artikel, die auch ein Bio-Siegel erhalten können.

Kaffee ist ein hundertprozentig reines Naturprodukt.

den notwendigen Schatten und bieten zusätzlichen Lebensraum für Insekten und Vögel. Die Vielzahl der angebauten Produkte trägt dazu bei, dass die Bauern sowohl ihren Eigenbedarf decken, als auch mit mehreren Produkten handeln können.

Der Anbau von Kaffee nach Kriterien der ökologischen Landwirtschaft ist eine weitere Möglichkeit für die Kaffeebauern, eine Wertsteigerung zu erreichen und damit höhere Preise auf dem Kaf-

WER TRINKT AM MEISTEN?

ETWAS STATISTIK

Pro Kopf Verbrauch in kg/Jahr 2006	
Finnland	11,9
Norwegen	9,3
Dänemark	9,1
Schweden	8,7
Österreich	8,0
Niederlande	7,8
Schweiz	7,5
Estland	7,5
Deutschland	6,2
Italien	5,7
Frankreich	5,2
USA	4,1
Japan	3,4

Die Frage »Wer trinkt wie viel Kaffee?« ist sicher leichter zu beantworten als die nach dem »Warum«. Denn hinter den folgenden Zahlen stecken eine ganze Reihe von Ursachen und Zusammenhängen historischer, kultureller, klimatischer und wirtschaftlicher Art.

Zunächst gilt: Die Menge eines Kaffeegetränks nimmt von Norden nach Süden stark ab. Bestellt man in Marokko einen Kaffee, erhält man einen Espresso in einem kleinen Glas, aufgefüllt mit derselben Menge geschäumter Frischmilch – »musmus«. In Syrien erhält der Gast zum Empfang einen sehr starken Kaffee in Espressomenge, ohne Zucker. In heißen Breiten nehmen die Menschen üblicherweise weniger Flüssigkeit zu sich, und diese lieber stark konzentriert, und bedecken den ganzen Körper mit leichter Kleidung, um möglichst wenig Flüssigkeit durch Schwitzen zu verlieren und den Kreislauf nicht zu belasten. Traditionell trinkt die gesamte Bevölkerung hier vergleichsweise wenig Kaffee. In Süditalien stellt man den Espresso mit 2 cl her, den Ristretto gar nur mit 1 cl. In Norditalien, zum Beispiel in Mailand oder Venedig, hat ein Espresso jedoch 3 cl.

Im Vollautomatenland Schweiz brüht man den kleinen Starken über Espressokaffeemehl oder einer Schümlimischung mit 5 bis 8 cl, ebenso noch vielerorts in Deutschland. Hier unterscheiden sich auch die Tassen Filterkaffee: je weiter nördlich, desto größer die »Pötte« und die Wassermengen.

Welche Nation pro Kopf wie viel Kaffee trinkt, scheint wesentlich mit dem jeweiligen Klima und dem wirtschaftlichen Standard zusammenzuhängen. Die skandinavischen Länder stehen geschlossen im oberen Feld: Offenbar hält die geringe Helligkeit und karge Sonneneinstrahlung im Jahr den allgemeinen Körpertonus niedrig – zu niedrig für die Arbeitsanforderungen hochindustrialisierter Staaten; zudem wurde der Kaffeeverbrauch von staatlicher Seite stark gefördert, um den Alkoholkonsum einzudämmen. Die traditionellen Teetrinker-Nationen Großbritannien und Japan liegen zwar immer noch hinten, doch steigt ihr Kaffeeverbrauch von Jahr zu Jahr an.

DIE DEUTSCHEN UND IHR KAFFEE

Im Durchschnitt trinkt jeder Deutsche 146 Liter Kaffee jährlich, Kinder, Teetrinker und Totalverweigerer mitgerechnet …

- 87 Prozent aller Deutschen über 15 Jahre trinken Kaffee, 67 Prozent davon regelmäßig, 20 Prozent gelegentlich, nur 13 Prozent trinken gar keinen Kaffee.
- 40 Prozent der Deutschen können morgens nicht auf Kaffee verzichten, viel weniger als auf Brötchen, Zeitung, Frühstücksei oder Sex …
- Das tägliche Highlight des arbeitenden Deutschen ist die Kaffeepause, nur die Mittagspause ist wichtiger.
- Die Tasse Kaffee ist nach wie vor der erfolgreichste Ansatz für einen Flirt. Wer würde schon sagen: Lass uns auf eine Tasse Tee oder auf eine Pizza gehen?
- Der Außer-Haus-Verbrauch von Kaffee in Deutschland steigt weiter und liegt 2007 mit über 30 Prozent des konsumierten Kaffees im Trend.

2 cl

Der Phantasie bei der Rezeptur von Kaffeegetränken sind (fast) keine Grenzen gesetzt. Alles geht, was zusammenpasst und schmeckt. Gute Kaffeequalität sollte immer Voraussetzung sein.

GESUNDHEIT

VORBEUGEN IST BESSER ALS HEILEN …
KAFFEE UND PRÄVENTION

In zahlreichen Untersuchungen weltweit wurden auch die langfristigen Wirkungen des Kaffees auf den menschlichen Organismus untersucht. Erstaunlich ist, dass regelmäßiger Kaffeegenuss nicht nur unmittelbar positiven Einfluss auf unsere Gesundheit hat, sondern auch in einiger Fällen vorbeugend zu wirken scheint, und dies bei durchaus schwerwiegenden Krankheitsverläufen. Die meisten Ergebnisse wurden in mehreren Untersuchungen international wiederholt. Die interessantesten seien hier vorgestellt:

■ Offensichtlich senkt der schon beschriebene Einfluss von Koffein auf die Dopamin-Produktion im menschlichen Gehirn auch das Risiko, an der Krankheit Parkinson zu erkranken.
Parkinson entsteht, wenn Gehirnzellen absterben, die den Nervenbotenstoff Dopamin produzieren. Bei Dopaminmangel können Nerveninformationen an die Muskulatur nicht mehr gesteuert werden, die Folge sind unkontrollierte Bewegungen, Muskelzittern, Steifheit und Gleichgewichtsstörungen. Ungefähr vier Millionen Menschen weltweit erkranken jährlich an Parkinson, wobei die Krankheit vor allem bei Menschen über 50 Jahren auftritt. Untersuchungen in Finnland und den USA bei mehreren Tausend Probanden konnten zeigen, dass Männer, die täglich zwischen vier und sechs Tassen Kaffee trinken, ein um rund 50 Prozent geringeres Risiko haben, an Parkinson zu erkranken als Selten- oder Nichttrinker. Bei Frauen ab 50 Jahren scheint Kaffee allerdings das Parkinson-Risiko nur dann zu senken, wenn diese keine Hormontherapie (in Zusammenhang mit der Menopause) durchführen.

■ Je eine Untersuchung in Portugal und den USA wiesen nach, dass der Genuss von Kaffee über einen Zeitraum von 20 Jahren signifikant das Risiko verringerte, an Alzheimer-Demenz zu erkranken. Der Wirkungsmechanismus ist allerdings noch nicht gefunden, jedoch könnte ein Zusammenhang damit bestehen, dass das Gehirn bei regelmäßigem Kaffeegenuss besser durchblutet ist.

■ Mehr als vier Tassen Kaffee täglich senken die Wahrscheinlichkeit, an Leberzirrhose zu erkranken, um nahezu 50 Prozent, bestätigten Untersuchungen in Kalifornien und Italien. Verantwortlich hierfür scheint die Stimulierung der Lebertätigkeit zu sein.

■ Auf der Suche nach Präventivmaßnahmen gegenüber der in Industriestaaten immer häufiger und früher auftretenden Form von Diabetes Typ II stellt eine Untersuchung von der Harvard Medical School of Boston an 126 000 Personen fest, dass bei Männern, die mehr als sechs Tassen Kaffee täglich trinken, sich das Risiko zu halbieren scheint, bei Frauen immerhin um 30 Prozent.
Bei einer anderen Studie in den USA wurde dies für Frauen auch für entkoffeinierten Kaffee nachgewiesen, sodass für diesen Effekt nicht das Koffein allein verantwortlich zu sein scheint. Ein wichtiger Wirkstoff ist möglicherweise das im Kaffee ebenfalls vorhandene Theo-

phyllin, das die Insulin produzierenden Zellen stimuliert.

■ Vor wenigen Jahren machte ein amerikanischer Hausarzt eine höchst interessante Entdeckung, als er zu einem Patienten gerufen wurde, der offenbar gerade einen Schlaganfall erlitten hatte. Da er in der Eile seine Tasche vergessen hatte, flößte er dem Patienten starken Kaffee ein – dieser erholte sich daraufhin überraschend schnell und hatte auffallend weniger Folgeschäden. Heute gehört dies bei amerikanischen Ärzten zum Repertoire der Sofortmaßnahmen bei Schlaganfallpatienten. Die arterienerweiternde Wirkung des Kaffees könnte den Grund für diesen Erfolg liefern, der laut einer Studie an der Universität Texas noch erhöht werden könnte, wenn man dem Patienten zu Kaffee auch noch Alkohol verabreicht.

■ Vermutlich ist der ungewöhnlich hohe Gehalt an Chlorogensäuren im Kaffee, der höchste in allen Lebens- und Genussmitteln, dafür verantwortlich, dass regelmäßige Kaffeetrinker ein messbar geringeres Risiko (bis zu 24 Prozent) haben, an Dickdarmkrebs zu erkranken.

■ Zwei amerikanische Studien fanden heraus, dass Männer und Frauen, die über Jahre mehr als vier Tassen Kaffee pro Tag zu sich genommen hatten, ein nachweisbar niedrigeres Risiko für die Bildung von Gallensteinen aufwiesen.

■ Antioxidantien sind Stoffe, die nachweislich die körpereigene Abwehr, das Immunsystems, stärken (bis hin zur Krebsprävention). Röstkaffee enthält viele davon, zahlreiche Studien laufen derzeit, um die Wirkungen möglichst exakt erfassen zu können.

■ Seit Langem verdächtigt man die beiden Kaffeeöle Kafestol und Kahweol, die Blutfettwerte zu erhöhen. Nach vielen Untersuchungen mit teilweise sich widersprechenden Ergebnissen blieb übrig: Tatsächlich erhöht starker Konsum von aufgebrühtem, nicht gefiltertem Kaffee, das Gesamt- und das LDL-Cholesterin. Bei Filterkaffe bleiben die Öle im Filterpapier zurück; dieser trägt also nicht zu einer Erhöhung des Cholesterinspiegels bei.

Es sei betont, dass die nachgewiesenen präventiven Wirkungen von Kaffee natürlich keiner Garantie gleichkommen, durch regelmäßigen Kaffeegenuss nicht von dieser oder jener Krankheit betroffen zu werden. Aber wer regelmäßig gerne Kaffee trinkt und sich dabei wohl fühlt, darf dies im Hinblick auf seine Gesundheit mit bestem Gewissen weiter tun und bei der Nachfrage: »Noch eine Tasse?« unbeschwert »Ja gerne!« antworten.

Darf's noch eine Tasse mehr sein?
Ob Filterkaffee oder Cappuccino, nach heutigem Kenntnisstand muss niemand mehr aus gesundheitlichen Gründen ablehnen, im Gegenteil.

Baratti & Milano wurde im späten 19. Jahrhundert eröffnet und ist eines der zahlreichen original erhaltenen Kaffeehäuser in Italiens Stadt der Galerien und Arkaden – Turin.

KAFFEE-KULTUR UND KULT-KAFFEE

In den 1960er Jahren war die Welt in den Wiener Kaffeehäusern noch in Ordnung.

VOM KAFFEEHAUS ZUM KULT-CAFÉ

VON OMAS CAFÉ UND LIFESTYLE COFFEE BARS

Eine sogenannte Kaffeehauspfeife
zum einmaligen Gebrauch aus weißem Ton, wie sie im 19. Jahrhundert in Wiener Kaffeehäusern angeboten wurde.

Nehmen wir Abschied vom Kaffeehaus und seinen kulturellen Verdiensten? Auch vom angestaubten Wiener Kaffeehaus à la Sperl oder dem ehrwürdigen Caffè Florian in Venedig?

Es gibt noch einige von den großen berühmten Cafés in Europa, wo sich einst Künstler und Intellektuelle trafen: das Greco in Rom, das Gijón in Madrid, das Procope in Paris, das Luitpold in München oder das Giubbe Rosse in Florenz, doch werden sie insgesamt immer weniger und sind häufig eher nur noch von musealer Bedeutung, Pilgerstätten für kulturliebende Touristen.

Versuchen wir ein wenig im Kaffeesatz zu lesen: Das durchschnittliche Café der letzten Jahrzehnte, das einst unsere (Ur-)Großeltern besuchten, um Torte zu schlemmen und ein Kännchen Kaffee zu genießen, ist für die heutige junge Generation nicht mehr besonders attraktiv – ein Ort, an dem meist nur mittelmäßiger Kaffee und Kuchen angeboten werden, mit 50 bis 70 Sitzplätzen eher klein, Tische, Stühle, sonstige Ausstattung und Angebot meist austauschbar, sodass, schließt man die Augen, keinerlei Erinnerung bleibt. Hier geht es um Belegungszahlen, günstigsten Einkauf, Höhe der Einzelbons, tiefgefrorene Torten, die kunststoffartig perfekt modelliert und zeitlos in neonbeleuchteten, schmuck-

> »Man lässt sich im Café Florian nieder, man hält die Augen halb geschlossen und lässt sich innerlich von den Bildern des Tages leiten, die sich verwandeln wie in einem Traum, man lässt Sorbets auf der Zunge zergehen, dann erwärmt man sie mit köstlichem Kaffee, so wie man ihn nirgendwo anders findet.«
>
> Hippolyte Taine (1828–1893), französischer Philosoph

losen Glasvitrinen geschmacks- und geruchsneutral ihrer ganz anderes erwartenden Kundschaft harren. Lobenswerte Ausnahmen mit exzellentem Gebäck aus eigener Herstellung und sorgfältig zubereitetem Kaffee bestätigen die Regel, sind aber eher in Kleinstädten als in Metropolen zu finden.

Aufwendig restauriert präsentiert sich das **Café Gerbaud** in Budapest heute wieder in voller Pracht.

Betreten wir dagegen ein Kaffeehaus im Wiener Stil – ja, bereits der erste Blick löst schon Gefühle aus; hier betritt man eine andere Welt: dieser große und hohe Raum, mit so vielen, meist über 100 Sitzplätzen, viel Raum zwischen den Sitzgruppen. Alles strahlt Ruhe und Würde aus, Lärm, Zeit und Hektik sind draußen geblieben. Kaum hat der Gast seinen Platz gewählt, präsentiert ein durch Haltung und Gesichtsausdruck die ganze Bürde seiner Kompetenz und Erfahrung demonstrierender Ober sein kleines, aber perfekt inszeniertes Angebot. Hier drückt kein Verzehrzwang, hier

Raffinierte Einfachheit im modern-rustikalen Stilmix und ein sorgfältig ausgewähltes Angebot verleihen dem **Café des Musees** in Grasse, Frankreich, seine Atmosphäre.

Bis weit in die 1960er
Jahre bekam man die Portion Kaffee in vorgewärmten Kännchen aus »Hotelsilber« serviert.

gibt es Zeitungen und ein Glas Wasser zum Kaffee, natürlich auf einem polierten Tablett. Doch wenn dies wirklich eine Art Elysium des Kaffeegenießers ist – warum müssen dann gerade die Wiener Kaffeehäuser eine Petition an den Stadtrat einreichen, mit der Bitte, man möge sie unter Denkmalschutz stellen?

Hier spielten eine ganze Reihe von Faktoren eine Rolle: Im Zweiten Weltkrieg wurden viele alte, große Kaffeehäuser zerstört und konnten nicht mehr aufgebaut werden. Aufkommen und Verbreitung von Radio und Fernsehen, später des PC verlagerten Information und Unterhaltung nach Hause. Entspannung, Besinnung, ja auch das persönliche Gespräch als kollektives Erlebnis schienen überflüssig.

Allen Unkenrufen zum Trotz hat sich in den letzten Jahren ein neuer Typ Kaffeehaus herausgebildet, mit jüngerem Publikum, hochwertiger, trendiger Ausstattung, nicht selten mit Internetanschlüssen und Monitoren für die Gäste. Dem Umsatzdruck begegnet man mit lockerer Professionalität und breitem Angebot. Bio, Lounging, dezenter Sound und Wellness sind angesagt. Signalwirkung für die Zielgruppe hat das große Kaffeeangebot: Milchkaffee, Espresso und Cappuccino sind Lifestyle und keine Kaffeespezialitäten mehr; eher scheint die Tasse Fil-

> »Die Geschichte der Kaffeehäuser ist – vor der Erfindung von Clubs – die Geschichte der Manieren, der Moral und der Politik eines Volkes.«
>
> Isaac D'Israeli (1766–1848), englischer Schriftsteller

terkaffee ein Exot zu werden. Das neue Café nutzt das trotz TV und PC immer starke Kommunikationsbedürfnis der Jungen, ihr größeres Gruppenbedürfnis und ihre Interessen. Sie haben mehr Kaufkraft als alle jungen Generationen vorher, geben gerne und bedenkenloser Geld aus.

Und wo sind die 40- bis 60-Jährigen, die früher Café und Kaffeehaus bevölkerten? Sie haben spät Kinder bekommen, sind im Berufsleben stark angespannt, folglich tagsüber selten, abends immer weniger in der Gastronomie zu sehen. »Cocooning« nennen die Amerikaner dieses Phänomen des Rückzugs ins Private, in die bestens ausgestattete Wohnung. Daher sind die Angebote für diese Gruppe stark geschrumpft. Das Kaffeehaus ist selten geworden, doch wer eins schätzen gelernt hat, besucht es gern.

DER COFFEE-SHOP

Das Café, das Kaffeehaus des 21. Jahrhunderts, wird wohl der seit einigen Jahren stark expandierende Coffee-Shop werden. Die aus den USA eingewanderte Form des kleinen, eher spartanisch eingerichteten Shop, dessen Kunden eher gehen als bleiben (coffee-to-go), wurde in Deutschland von zahlreichen kleinen Ketten kopiert und trendig aus- und umgebaut.

Heraus kam eine Mischung aus amerikanischem Fast-Food-Prinzip und italienischer Espresso-Bar, die neue und veränderte Kaffeegetränke auf den Markt brachte, so etwa verschieden große Cappuccino – small, medium und grande –, vor Ort zu trinken oder im Plastikbecher

Es gibt noch einige prächtige historische Kaffeehäuser in Europas Städten, die besonders auch für Touristen attraktiv sind.

Cool und trendy, mit breitem Angebot und vielen Events, ist das EXPO-Café in Hannover immer gut besucht.

»to go«, auf Wunsch mit zahlreichen Aromen in Sirupform versetzt. Die Einrichtung entspricht dem Lebensgefühl der 16- bis 25-jährigen Kunden. Zu den besonderen Attraktionen gehört, dass die Getränke direkt vor den Augen des Gastes ganz frisch und nach Wunsch zubereitet werden. Doch auch viele Menschen über dreißig suchen vermehrt den Coffee-Shop auf.

> »Das Wiener Kaffeehaus stellt eine Institution besonderer Art dar, die mit keiner ähnlichen der Welt zu vergleichen. Es ist eigentlich eine Art demokratischer, jedem für eine billige Schale Kaffee zugänglicher Klub. ... Nichts hat so viel zur intellektuellen Beweglichkeit des Österreichers beigetragen.«
>
> Stefan Zweig, Die Welt von Gestern, 1942

Der Grund ist vor allem im geänderten Ernährungsverhalten der arbeitenden Bevölkerung zu suchen: Man frühstückt nicht mehr zu Hause, durch kürzere Mittagspausen und den Rückgang von Kantinen bleiben oft nur ein Croissant, ein Sandwich oder Bagel und der »Latte macchiato grande to go«, um den Hunger für einige Stunden zu dämpfen. Hier passt das Angebot der Coffee-Shops optimal.

Die hohen Mieten in den Innenstädten, die sich großräumige Gastronomiebetriebe kaum noch leisten können, und der starke Wettbewerb, aber auch der steigende Qualitätsanspruch werden dazu beitragen, den Coffee-Shop für Kaffeegenießer zumindest im deutschsprachigen Raum weiterzuentwickeln. Mit gutem Kaffee – verbunden mit einem breiten Angebot an unterschiedlichen Zubereitungen – und »Wellness-Snacks« kommen sie dem Bedürfnis nach schnellem und gesundem Genuss entgegen.

DER BARISTA – DER KAFFEEMACHER

In Italien arbeiten mehr als 270 000 Bariste in ihrer »Caffè Bar«. Fast 60 Prozent haben mehr als zehn Jahre Berufserfahrung an »ihrer« Maschine. Sie beherrschen dieses scheinbar so schwierige Gerät so gut, dass man auch heute noch fast überall einen sehr guten Espresso und Cappuccino erhält. Der Barista serviert an seinem Tresen über 80 Prozent Espresso, 14 Prozent Cappuccino und 5 Prozent Caffè Corretto (Espresso mit Grappa oder anderen Spirituosen).

Da das Können eines guten Barista längst international geschätzt ist, wird aus einem Lernberuf allmählich ein Lehrberuf. In Deutschland kann man inzwischen in mehrtägigen Kursen, die unter anderem die »Specialty Coffee Association of Europe« (SCAE) anbietet, das Basiswissen lernen. Seit einigen Jahren gibt es sogar eine Barista-Weltmeisterschaft. Doch zu einem Barista gehört mehr als Geschick und Sorgfalt bei der Zubereitung eines guten Espresso. In einer »Caffè Bar« ist er zugleich eine Art sozialer Anlaufpunkt, ein Kommunikator und für viele ein wenig auch Wärmespender. Der ideale Barista – das ist ein Dirigent des Wohlbefindens seiner Gäste, wenigstens so lange sie unter seiner Obhut weilen.

Emailschilder
waren einst eine besonders wertvolle, aber auch teure Form der Werbung, die sich nicht viele Kaffeeröster leisten konnten.

Die Berufsbezeichnung **»Barista«** gehört heute nahezu zum deutschen Wortschatz.

Türkischer Orangenkaffee und Kaffee mit Gewürzschau: Der Reiz der zahlreichen Zubereitungen und ihre Gefäße, Gestaltung und Material verraten nicht nur die jeweilige Mode, sondern auch die Trinkkultur.

DAS RICHTIGE GEFÄSS

EINE KLEINE GESCHICHTE DES KAFFEESERVICE

Ob Tasse, Schale, Becher oder ein spezielles Glas, ob Kanne oder Kännchen: ein so ungewöhnliches Getränk wie Kaffee verlangt wohl danach, besonders präsentiert zu werden.

Während der Anfänge des Brühkaffees in Äthiopien bereitete man ihn in speziellen ausgehöhlten Kürbissen zu, deren dicke, knotige Austriebe oben aufgeschnitten wurden und so einen breiten, länglichen Ausguss ergaben. In diesen stopfte man feine gewaschene Wurzeln und Gewürze wie Kardamom oder Zimt, um einerseits den Satz zurückzuhalten und andererseits den Geschmack zu verbessern. Diese intelligente Technik wurde von den Arabern in Metall (meist Kupfer, Zinn oder Bronze) kopiert, dem Ibrik. Dieses Modell ist bis heute zu finden, die ursprüngliche Funktion des extrem langen Schnabels aber geriet in Vergessenheit. Die bauchige Form des Gefäßes jedoch blieb das Urmodell aller Kaffeekannen.

In Europa waren Heißgetränke wie Tee, Kakao und Kaffee bis ins 17. Jahrhundert hinein nahezu unbekannt. Um das Getränk schnell zu kühlen, goss man den frisch gebrühten Kaffee in eine flache Schale aus Zinn, Messing oder Keramik. Bürgertum und der Adel schlürften ihren teuren echten Kaffee

> »Der Kaffee war klar, wunderbar heiß und wohlriechend und wurde namentlich nicht in jenen entarteten Gefäßen gereicht, die man an den Ufern der Seine Tassen nennt, sondern in schönen tiefen Schalen, worin die dicken Lippen der ehrwürdigen Väter untertauchten, die das belebende Getränk mit einem Geräusch einschlürften, das ein paar Walfischen vor dem Sturme Ehre gemacht hätte.«
>
> Jean Anthèlme Brillat-Savarin (1755–1826), berühmter französischer Gastrosoph

aus Schalen aus Fayence, eine aus Italien stammende Keramik mit porösen Scherben, die mit einer weißen oder farbigen Zinnglasur überzogen und mehrmals gebrannt wurde. Wer es sich leisten bzw. es überhaupt erwerben konnte, trank aus chinesischen Porzellangefäßen, die über den Seehandel eingeführt wurden. Allerdings waren billige Varianten in London recht früh in den Kaffeeschenken gebräuchlich. In Deutschland dagegen musste man auf Porzellangeschirr noch ein paar Jahre warten.

Dekorative Vielfalt in Farbe und Form bestimmten das Kaffeegeschirr bis Mitte der 1980er Jahre.

Drei interessante Menschen waren maßgeblich an der deutschen Entwicklung des Porzellans beteiligt: August der Starke von Sachsen war nicht nur stark, wenn es darum ging, Kriege zu führen oder Hufeisen zu verbiegen, sondern auch im Geldausgeben – und daher immer auf Geldsuche, um seine zahlreichen teuren Wünsche befriedigen zu können. Er hatte den Alchimisten Johann Friedrich Böttger in Dresden festsetzen lassen, da es hieß, dieser könne Gold herstellen. 1704 ordnete August an, dass Böttger mit dem Mathematiker und Physiker Graf Walter von Tschirnhausen zusammenarbeiten solle und stellte ihnen 1706 ein Labor zur Verfügung. Als Böttger nach zahllosen Versuchen mit diversen Erden das Rezept für die Herstellung von Porzellan melden konnte, war von Tschirnhausen, der die Forschungsarbeiten geleitet hatte, bereits verstorben. Erst die Verwendung von Kaolin und Feldspat ließ das endgültige »weiße« Hartporzellan entstehen. Böttger überführte die Rezeptur in eine fabrikmäßige Produktion.

Geschirr mit dem Emblem der **Marke HAG** ist heute ein begehrter Sammelartikel.

Für jede Zubereitungsart gibt es das passende Gefäß, und das in zahlreichen Varianten.

Auch die Kaffeekanne spiegelt den Stil
der Zeit und das soziale Niveau wider.

1710 wurde in Meißen die erste europäische Porzellanmanufaktur gegründet: die »Königlich-Polnische und Kurfürstlich-Sächsische Porzellanmanufaktur«, deren erster Sitz die Albrechtsburg war. Damit das kostbare und geheime Rezept nicht verraten werden konnte, wurde es von zwei Vertrauten des Königs zu je einer Hälfte aufbewahrt. 1717 jedoch gelang es zwei Mitarbeitern namens Hunger und Stöltzel, mit dem Rezept aus Meißen zu flüchten und in Wien eine Manufaktur zu eröffnen. Weitere Manufakturen entstanden in Sèvres, Höchst, Fürstenberg und Berlin. Nun war Europa endgültig vom Import teuren chinesischen Porzellans unabhängig und Porzellangeschirr wurde für viele erschwinglich.

Porzellan erwies sich als geradezu ideal für verschiedenste Dekore und Gestaltungen. Schnell wurden chinesische und japanische Dekore von Blumenmustern abgelöst. Meißen brachte das sogenannte Zwiebelmuster in Unterglasurblau auf den Markt. Zunächst benutzte man Tassen, dann Tassen mit Unterteller, der Kuchenteller kam erst dazu, als man ein komplettes Service anbot.

Nach 1800 entwickelte sich die Mode, Tassen zu sammeln, als Zeichen des Wohlstandes in Vitrinen auszustellen oder, mit Sinnsprüchen versehen, zu verschenken. Daran hat sich wohl bis heute nicht viel geändert. Zwei Gefäßtypen setzten sich schnell durch: die kleine, feine Mokkatasse mit circa 4 bis 5 cl, und die Kaffeetasse mit 15 bis 20 cl. Filterkaffee aus Arabicabohnen ist ein filigranes Getränk, dem eine feine Porzellantasse am besten entgegenkommt.

Der Becher, der Pott, das Haferl, das zwischen 20 und 25 cl aufnimmt, ist praktisch für Terrasse und Büro. Doch sollte der Kaffee darin nicht zu lange stehen, sonst bittert er und verliert das Aroma.

Der Espresso benötigte ein eigenes Gefäß: Die Espressotasse sollte maximal 3 bis 4 cl aufnehmen und möglichst lange heiß halten. Und zu dieser sämigen, öligen Delikatesse passte eher ein dickerer Rand. Inzwischen sind sowohl der Formenreichtum als auch die zahllosen Dekore eigene Sammlergebiete. Optimal ist eine dickwandige Porzellan- oder Steinguttasse, die sich leicht konisch nach unten verjüngt, die Öffnung oben nicht zu weit, da sonst die Crema leicht und schnell aufreißt.

Auch der Cappuccino, ein Warm-, kein Heißgetränk, benötigt durch die luftige Konsistenz des feinen Milchschaums eine spezielle Tasse, die Wärme speichert, also dickwandig, innen nach unten hin leicht abgerundet, um beim Eingießen des Milchschaums den Espresso besser anheben zu können, nach oben leicht geweitet; so kommen auch spezielle Eingießtechniken und »Milchschaum-Kunst« in Form von Herzchen oder Bäumchen am besten zur Geltung. Latte Macchiato dagegen wirkt am schönsten im 0,3-l-Glas, da man das Herabrieseln des Espresso so am besten beobachten kann.

Jede Zeit hat ihren Stil und somit ihr Kaffeegeschirr. Und dieses erzählt oft seine Familiengeschichte, manchmal nach Jahrzehnten auf dem Flohmarkt.

Eine Kaffeepause ist einfach Freude –
Werbeplakat um 1960.

Eine ideale Espressotasse ist dickwandig und verjüngt sich konisch nach unten.

Kein echter Espresso, eher ein angenehm runder Mokka ist der Kaffee aus der Perkolatorkanne (meist von Bialetti) – in Italien der Frühstücksklassiker bis heute.

CHACUN À SON GOÛT

DIE VIELFALT DER ZUBEREITUNG

Noch nie konnte man Kaffee auf so viele Arten zubereiten und genießen wie heute. Es gibt traditionelle Methoden wie den einfachen Brühaufguss und »trendige« wie den Einsatz von Kaffeepads und Kapseln. Es gibt internationale, länderspezifische und regionale Varianten, manuelle und maschinelle Zubereitungsarten, einfache und aufwendige. Doch drei Prinzipien gelten immer und überall: Erstens braucht man ein gewisses Knowhow, wenn der Kaffee auch schmecken soll. Zweitens braucht man etwas Zeit und Geduld: Selbst beim Instantkaffee muss man Wasser zum Kochen bringen und dieses auch ein paar Grad abkühlen lassen, eine »schnelle« Kaffeemaschine braucht »Pflegezeit«. Und drittens gilt: Jeder nach seinem Geschmack!

> »Oh Kaffee, du vertreibst die Sorgen der Großen, du weist denen den Weg, die vom Pfad des Wissens abgekommen sind. Kaffee ist das Getränk der Freunde Gottes ebenso wie das seiner Diener, die nach Weisheit streben.«
>
> Scheich Ansari Djezeri Hanball Abd-al-Kadir, 16. Jhdt.

DIE KUNST DES KAFFEEKOCHENS
DER KANNENAUFGUSS

Einen guten Brühkaffee, einen Kannenaufguss herzustellen, erfordert ein gewisses Fingerspitzengefühl. Die Bohnen zerstoßen bzw. mahlen und mit heißem, nicht mehr kochendem Wasser übergießen – das ist wohl die älteste und weltweit verbreitetste aller Methoden überhaupt. Da die mittelfeine Mahlung die Zellen der Bohnen anschneidet, sodass das 86 bis 89 °C heiße Wasser das an-

Typische Cezwe-Kanne aus Kupfer mit langem Stiel, die vom 16. Jahrhundert bis heute von Millionen von Menschen verwendet wird.

Kaffee- und Kakaokanne aus dem 17. und 18. Jahrhundert.

Der klassische Porzellanfilter von Melitta, ideal für die manuelle Zubereitung von Filterkaffee.

Melitta N° 1, 1908 patentiert. Hier eine Nachbildung des Urfilters von Melitta Bentz.

1778 in Augsburg erhielt Johann Diedrich Fehling diese Kaffeekanne, die am Boden eine Widmung trägt.

Sogenannte Espressokanne; allein die Firma Bialetti hat weit über 200 Millionen Stück davon verkauft …

Eine Seihkanne für Brühaufguß, ca. 1950. 10 bis 15 g gröber gemahlenen Kaffee langsam und in Intervallen angießen – ergibt einen feinen Filterkaffee.

Ein türkischer Mokka wird auch heute noch in kunstvoll geschmiedeter Kanne auf passendem Tablett mit vier oder fünf Tässchen serviert.

Diese arabische Kaffee-kanne, ein Bagdadkessel aus verschiedenen Metallen, stammt vermutlich aus dem 18. Jahrhundert.

haftende Material langsam und ohne Druck abspült, ist es eine sehr schonende Methode, die den feinen Fruchtsäuren und dem schlanken Körper von Arabica-Sorten am besten entspricht. In der Rösterei wird die Qualität des Kaffees auch heute noch mit dieser Methode, dem Cupping, getestet und beurteilt.

Wichtig: die Kanne vorwärmen, zuerst das Kaffeemehl, nach Sorte und Gusto mit nicht kochendem Wasser kurz anfeuchten und etwa 15 bis 20 Sekunden quellen lassen – schließlich müssen sich die gerösteten, also trockenen Fette und Öle und Bitterstoffe erst einmal lösen können. Dann das Wasser schwallweise aufgießen und dabei immer wieder 10 bis 15 Sekunden warten.

TÜRKISCHER MOKKA, DIE ORIENTALISCHE METHODE

Rund ein Drittel der Weltbevölkerung – der gesamte Orient, die Türkei, Griechenland, das ehemalige Jugoslawien, der gesamte persische und südrussische Raum bis China und Indien – bereiten den Kaffee heute noch auf folgende Weise zu: Der Cezwe, Ibrik, in Griechenland »Briki« genannt, ist eine kleine, maximal vier Tassen fassende kleine Kanne, innen verzinnt, außen meist aus Messing oder Kupfer, mit einer breiten Basis, bauchig, nach oben stark verjüngt und zur Öffnung wieder erweitert. Sie kann auf offenem Feuer wie auf der Herdplatte erhitzt werden. Man füllt das Kännchen zu zwei Dritteln mit Was-

ser, gibt etwa 8 bis 15 Gramm staubfein gemahlenen, hell gerösteten Arabica und Zucker dazu und kocht das Ganze auf. Wenn der braune Schaum den Hals hochsteigt, nimmt man das Kännchen von der Hitzequelle, schenkt ein oder kocht ein zweites Mal auf, manchmal sogar ein drittes Mal. Serviert wird in Mokkatässchen, von denen man rasch oben »abschlürft«, um möglichst wenig von dem feinen Satz mitzunehmen.

DIE HANDFILTERUNG

Vier berühmte Varianten stehen zur Auswahl:

Die sogenannte **KARLSBADER KANNE**, mittlerweile auch in einer modernen Form erhältlich, verfügt über einen Porzellanfilter. Dieses Material beeinflusst den Kaffeegeschmack nicht, alle löslichen Stoffe finden sich im Getränk. Die Kanne muss allerdings gut vorgewärmt sein, das relativ weitmaschige Sieb benötigt eine deutlich größere Kaffeemenge, die grob gemahlen sein sollte. Nach Gebrauch muss der Siebbehälter besonders gut gereinigt werden.

DIE WENDEKANNE wurde angeblich in Neapel zuerst entwickelt und daher auch Napoletana genannt. Sie besteht aus einem Wasserbehälter, der mit der Kanne verschraubt wird, dazwischen befindet sich ein Filterbehälter. Man benötigt etwa 8 bis 10 Gramm fein gemahlenen Kaffee pro Tasse. Beginnt das Wasser

Eine wiederentdeckte Legende: die **Karlsbader Kanne** (links Mitte).

Eine elektrisch **beheizte Mokkakanne** aus den 1960er Jahren (ganz oben).

Eine **Wendekanne** aus Porzellan mit Metallmontur von Bauscher Weiden aus den 1930er Jahren (oben Mitte).

Eine verchromte **Porzellankanne mit Steigrohrprinzip** aus den 1950er Jahren (oben).

zu kochen, wendet man die Kanne nach unten. Nun sickert das Wasser durch den Metallfilter langsam nach unten; anschließend kann gleich eingegossen werden. Die Wendekannen waren meist aus Metall. Weil sie so leicht waren und einfach zu bedienen, gehörten sie im Ersten Weltkrieg zum Handgepäck der bayerischen und russischen Offiziere.

Der **PAPIERFILTER** wurde 1908 von Melitta Bentz zum Patent angemeldet und in den folgenden Jahren perfektioniert. Die Neigung des Filterbehälters, zunächst aus Blech, Aluminium, dann aus Porzellan und heute meist aus Kunststoff gefertigt, ist so ausgerichtet, dass die Durchlaufzeit eine feine, dem Arabica entgegenkommende Extraktion ergibt. Das Filterpapier wird heute holzfrei und geschmacksneutral hergestellt. Man wärmt die Kanne mit heißem Wasser vor, setzt die Filtertüte ein und feuchtet sie an. Dann wird das mittelfeine Kaffeemehl zunächst mit einem kleinen Schwall heißem, keinesfalls kochenden Wasser angegossen; nach 10 Sekunden gießt man immer wieder im gleichen Zeitabstand eine kleine Menge nach. Nicht unwichtig für Cholesterinbewusste: Das Papier bindet einen großen Teil der Fette und Öle, daher das klare, schwarze Aussehen des Getränks..

Ein heute weit verbreitetes Zubereitungsgerät ist die **SIEBSTEMPELKANNE** oder **CAFETIERE.** Sie besteht aus einem zylindrischen Glasbehälter und einer Edelstahlstange mit aufgeschraubtem Metallsieb, dem Stempel. Man füllt mittelfeines bis etwas gröberes Kaffeemehl ein, gießt mit heißem, nicht mehr kochendem Wasser etwas an, wartet ein paar Sekunden, gießt dann den Rest der benötigten Wassermenge hinzu und setzt den Siebsempel auf. Nach 3 bis 4 Minuten kann man diesen langsam bodenwärts drücken. Und nun sollte man, so formschön die Cafetieren auch sind, den Kaffee in eine vorgewärmte Kanne umfüllen. Ansonsten steht der fertige Kaffee viel zu lange auf dem Pulver und wird bitter.

Beim **PERKOLATOR** wird die Wirkungsweise des Dampfdruckes für die Herstellung von Kaffee nutzbar gemacht. Ab 1818 wurde sie äußerst erfolgreich und in Hunderten von Varianten produziert. Heute noch Standard ist die italienische sogenannte Espressokanne. Der Name ist irreführend, denn diese kann mangels Druck keinen Espresso herstellen, wohl aber einen durchaus wohlschmeckenden kleinen starken Kaffee – nach dem Steigrohrprinzip. Dazu wird ein bis auf ein kleines Rohr im Deckel geschlossener Behälter mit Wasser erhitzt; wenn das Wasser zu kochen beginnt, steigt Wasserdampf im Rohr hoch und trifft auf den Behälter mit dem Kaffeemehl; der Dampf wird wieder zu Wasser, woraus dann das Getränk entsteht. Zum Glück wurde die Verarbeitung des bei den meisten Mo-

Für den Perkolator
nimmt man eine Espresso-Mischung und mahlt die Bohnen sehr fein.

Das Café Literaturhaus im Literaturhaus München: Edelstahl, viel Licht und klare, nüchterne Einrichtung in klassischem Ambiente sorgen für gesellige Atmosphäre im Kaffeehaus.

Die Cona-Kanne
ist zeitlos schön und liefert einen sehr guten Filterkaffee.

dellen verwendeten Aluminiums zumindest von europäischen Herstellern inzwischen erheblich verbessert; so sind auch bei längerer Nutzung keine gesundheitlichen Schäden zu befürchten. Für diese Zubereitungsform benötigt man eine fein gemahlene Espressomischung. Italienische Röster bieten diese bereits in kleinen Vakuumpackungen an; sie sollten aber in zwei bis drei Tagen verbraucht werden, da das feine Kaffeepulver noch sehr viel schneller an Aroma verliert und dann zum Bittern neigt.

Das Steigrohrprinzip wird heute auch in vielen Haushaltskaffeemaschinen, bei sogenannten Durchlaufbrühern, eingesetzt: Beginnt das Wasser zu kochen, steigt es nach oben und ergießt sich in einem ununterbrochenen Lauf über das Kaffeemehl.

Die **GLASKOLBENMASCHINE** basiert auf der Vakuummethode: Wie viele Erfindungen im 19. und 20. Jahrhundert scheint diese regelrecht »in der Luft« gelegen zu haben. Mehrere Erfinder(innen) schienen miteinander zu wetteifern. Wer der Erste war, der die Glaskolben übereinander anordnete, wissen wir trotz umfangreicher Patentrecherchen noch nicht: 1830 wurde die Glaskolbenmaschi-

> »Ich stehe um sieben Uhr früh auf und ... mache mir Kaffee, den nur ich so zubereiten kann ...
> Schlechter Kaffee ruiniert das Nervensystem.«
>
> August Strindberg (1849–1912), schwedischer Schriftsteller

ne in Deutschland als Patent des Berliner Erfinders Loeff bekannt, kurz darauf in Frankreich von Madame Jeanne Richard kopiert und von Madame Vassieux 1841 verbessert und erneut patentiert. Das Hauptproblem war wohl, dass das Glas bei Überhitzung allzu leicht barst. In zahlreichen weiteren Verbesserungen und Varianten, zu denen auch die Amerikaner beitrugen, wurde auch diese Schwierigkeit behoben.

Die wirtschaftlich erfolgreichste Variante gibt es heute noch und ist bei Kaffee-Individualisten sehr begehrt: die Cona-Kanne. In den unteren Glasbehälter wird Wasser eingefüllt, in den oberen pro Tasse 10 Gramm mittelfein gemahlenen Kaffee, dann entzündet man den Brenner und wartet, bis das kochende Wasser die mittig eingesetzte Glasröhre hochsteigt. Wenn der Wasserbehälter fast leer ist, löscht man den Brenner; nach einer Weile bricht der Überdruck im unteren, leeren Behälter zusammen und nun saugt der entstehende Unterdruck den Kaffee durch das Mehl nach unten – fertig. Der Geschmack des Getränks ist einzigartig; das Verfahren erinnert an ein physikalisches Experiment und ist sehr schön anzusehen.

Wichtig beim Percolator: feines Kaffeepulver, kalkarmes Wasser – und gut zusammenschrauben.

Die Cafetiere ist
ist in skandinavischen Ländern, aber auch in Deutschland und der Schweiz besonders beliebt. Es gibt sie in verschiedenen Größen.

Die Qualität des Espresso wird im Auslaufen sichtbar: Nach 3 bis 5 Sekunden sollte er in einem gleichmäßigen schaumigen Strahl auslaufen. Wenn er gegen Ende wässriger wird, sollte man die Tasse wegziehen, da nun vermehrt Bitterstoffe ausgespült werden.

Ein beeindruckendes Beispiel des Designs der frühen Espressowelt: **Zwei italienische Stararchitekten, Bruno Munari und Enzo Mari,** schufen 1956 diese heute äußerst seltene Schönheit.

DIE MASCHINENFILTERUNG IN GASTRONOMIE UND PRIVATHAUSHALT

Außer in Italien hat sich das Filterprinzip in Europa und den USA schnell durchgesetzt; in der Folge wurden viele Haushalts- und Gastronomiemaschinen für alle nur denkbaren Ansprüche und Anforderungen entwickelt. Die meisten dieser Modelle erhitzen im Durchlauf das Wasser; wenn es kocht, steigt es hoch und ergießt sich gleichmäßig über das Kaffeemehl. Die Röstereien stellten sich in ihren Röstungen, Mischungen und im Mahlgrad darauf ein, Kaffee war bald überall zu haben, im Büro wie an der Tankstelle.

Für Haushaltsmaschinen werden häufig Kunststoffe eingesetzt, die Maschinen sind sehr preiswert. Allerdings sollte bedacht werden, dass die Kunststoffteile genau so oft und gründlich gereinigt werden müssen wie Teile aus Glas und Metall. Inzwischen gibt es auch für den Privatbereich hochpreisige Maschinen aus Metall.

Das Ergebnis eines Schwallbrühers ist meist besser als das eines Durchlaufbrühers, da die Extraktionszeit länger und einstellbar ist. Gastronomische Filterkaffeemaschinen sind in Material- und Brühtechnik meist hochwertiger ausgerüstet, können damit die Kaffeezubereitung erheblich verfeinern und auch deutlich erleichtern.

DIE ESPRESSOMASCHINE MIT SIEBTRÄGER

In Italien hat sich rund um den Espresso eine eigene Kaffeewelt mit entsprechender Technik durchgesetzt. Um einen echten Espresso herzustellen, benötigt man eine Maschine mit Siebträger, in den extra dunkel geröstetes und sehr fein gemahlenes Kaffeemehl eingefüllt wird, einen Brühdruck von 8 bis 10 bar und eine Wassertemperatur von etwa 90 bis 95 °C. Der Druck ist notwendig, um bestimmte Fette und Öle, die wichtigsten Aromaträger, in einem Zeitraum von 15 bis 30 Sekunden in einer Emulsion, also einem feinen Öl-in-Wasser-Gemisch, zu binden. Die Bauteile müssen natürlich aus Metall gefertigt sein, am besten auch alle Dichtungen. Der sehr hohe Druck kann mit einem Hebel, der eine starke Spiralfeder niederdrückt, erzeugt werden, oder wie heute üblich, mittels einer Pumpe. Dabei spielt der Ausgangsdruck der Pumpe, der meist in der technischen Beschreibung angegeben wird, keine Rolle, sondern jener, der auf das Kaffeemehl ausgeübt wird.

Für den Haushaltsbereich sind meist traditionelle Maschinen auf dem Markt, ein- oder zweikreisige. Einkreisige beziehen Dampf und Brühwasser aus einem Boiler, das Dampfvolumen ist relativ gering, weshalb mittels eines Schalters nachgeheizt werden muss. Komfortabler sind zweikreisige, bei denen in einem Kessel ein zweiter steckt, der Dampf also vom Brühwasser getrennt ist. Mit diesem sogenannten Thermosyphonsystem kann gleichzeitig Espresso gezogen und Milch aufgeschäumt werden.

Statt eines Kessels baut man heute auch Durchlauferhitzer ein, die schnel-

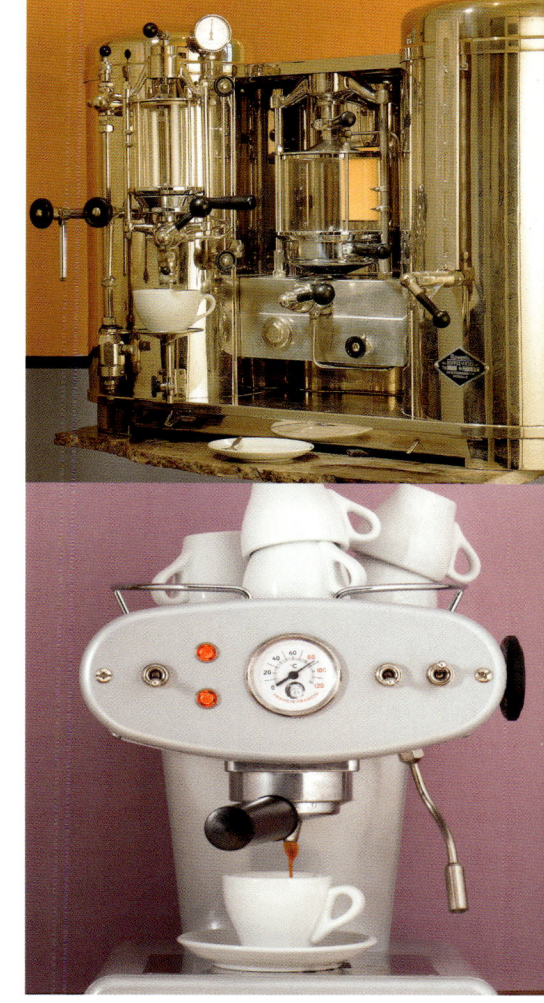

Rowenta Doppelfilter: bis weit in die 1960er Jahre die beste Gastronomiemaschine (oben).

Eine eingruppige Espressomaschine mit Milchaufschäumer für Cappuccino, ideal für Singles.

Tamper:
Von rechts nach links: ein einstellbarer Clicktamper von Kaffee, Espresso & Barista, ein Edelstahltamper, ein Alu-Tamper mit Edelholzgriff.

ler sind und einen Espresso schon nach 3 bis 4 Minuten liefern. Da die kleinen Durchlauferhitzer oder Thermoblocks sehr dünne Rohre besitzen, muss das Wasser vor der Befüllung unbedingt entkalkt werden, damit sich die Rohre nicht zu schnell zusetzen.

Beim Kauf einer Espressomaschine empfiehlt sich unbedingt eine gründliche Beratung in einem Fachgeschäft. Sich einen wirklichen Überblick über alle Modelle zu verschaffen, ist ziemlich schwierig.

DER VOLLAUTOMAT

Ursprünglich wurde der Kaffeevollautomat für die Gastronomie entwickelt: Er erledigt alle Arbeitsgänge, die zur Kaffeeherstellung erforderlich sind, vom Mahlen der Bohnen bis zur Zubereitung von Milchschaum. Er entlastet nicht nur das Personal, außerdem können mit ihm viele verschiedene Getränke in gleichbleibender Qualität hergestellt werden. Nach vielen Jahren der Weiterentwicklung sind die Haltbarkeit des Geräts und das Ergebnis wesentlich verbessert worden. Doch auch in privaten Haushalten setzt sich der Vollautomat immer mehr durch.

Der Idee nach ist er eine Variante der Espressomaschine: Man nehme einen Kolben in einer Buchse, der an einer Spindel auf- und abläuft. Ist der Kolben oben, fällt eine bestimmte Menge Kaffee in die Buchse, der Kolben fährt herunter, presst den Kaffee, fährt ein Stück hoch. Nun schießt heißes Wasser auf den Kaffee, das der Kolben dann durch den Kaffee presst. Heraus kommt ein sogenannter Schümli-Kaffee, wie er bisher vor allem in der Schweiz bekannt war. Da die optimale Wassertemperatur für Filterkaffee zwischen 86 °C und 89 °C und die für Espresso etwas mehr, nämlich zwischen 90 °C und 94 °C beträgt, stellen wir also nun in beiden Grenzbereich her. Folglich brauchen wir auch eine andere Röstung: eine Schümli- oder Vollautomatenröstung – zwischen Filterkaffee- und Espressoröstung. Da der Druck zumindest bei Haushaltsmaschinen erheblich unter dem für Espresso notwendigen liegt, erhält man chemisch gesehen keine Emulsion, sondern eine relativ dichte wässrige Lösung, eine dem Mokka ähnliche Konzentration. Manche Profigeräte sind in der Lage, bei bestimmter Einstellung einen echten Espresso herzustellen. Für einen Schümli allerdings ist die Konzentration dann zu hoch und die Temperatur zu heiß.

Je mehr bewegliche Teile eine Kaffeemaschine besitzt, desto aufwendiger und wichtiger ist die Reinigung. Dies gilt für den Vollautomaten noch mehr als für den Siebträger oder für Halbautomaten. Um das Qualitätsniveau des Vollautomaten zu halten, gilt: erst Kaffee einfüllen, wenn man Kaffee trinken möchte, und dann nur die benötigte Menge. Da die Mühle in der Maschine nach relativ kurzer Zeit warm wird, bleiben die Öle und Fette des Kaffees haften und werden schnell ranzig. Deshalb sollte man den Bohnenbehälter

Faktoren bei der Herstellung eines Espresso
■ Kaffeequalität, Frische und Grad der Röstung, luftdichte Verpackung
■ Umgebung: Wärme, Luftfeuchtigkeit
■ Maschine: Wassermenge und -temperatur, Brühdruck
■ Mensch: Kaffeemahlung, Dosierung, Anpressdruck, Hygiene

Ein Klassiker: verchromte Oberflächen, E-61-Brühgruppe, Heißwasser und Dampfausgabe, hier trinkt das Auge mit.

Schickes Gerät mit lackierten Oberflächen für den Single: der Durchlauferhitzer sorgt für »schnellen Kaffee«.

Prachtstück in poliertem Edelstahl mit zwei separat schaltbaren Durchlauferhitzern, Heißwasserausgabe, Padeinsatz etc.

Das Neueste vom Neuen: der sogenannte »handpresso«, eine mobile Espresso-Kaffeemaschine aus Frankreich, die erstmals auf der Ambiente-Messe 2008 gezeigt wurde. Die Maschine arbeitet mit E.S.E.-Pods.

spätestens alle paar Tage auswischen und die Mühle mit einem Staubsauger säubern. Der Tresterbehälter sollte nach mehrmaligem Gebrauch (jeden Abend) unbedingt ausgeleert und ebenso wie auch die Mühle regelmäßig »gelüftet« werden. Alle beweglichen Teile müssen bei täglichem Gebrauch auch täglich gereinigt werden, insbesondere alle Teile, die mit Milch in Berührung kommen. Meist gibt der Hersteller Reinigungszyklen vor, die man möglichst exakt einhalten sollte, schon allein deswegen, damit die Garantie nicht erlischt. Ein Vollautomat ist vor allem dort sinnvoll, wo große Mengen verschiedener Kaffeezubereitungen von unterschiedlichen Personen hergestellt werden sollen, also im Gastgewerbe, in der Kantine und im Büro. Doch gibt es heute auch für den Privathaushalt kleinere und preiswertere Ausführungen, zum Teil mit Kunststoffelementen.

PADS & CO.

Um für den Privathaushalt und im Büro mehr Komfort zu bieten, die Bedienung zu vereinfachen und den Reinigungsaufwand bei der Zubereitung von Kaffee zu reduzieren, wurden verschiedene Techniken entwickelt: Pads, Pods, Cialde, Servings und Pouches sind die Namen für unterschiedlich dargebotene Einzeltassen-Portionen von Kaffee aller Art, die teils maschinen- und damit herstellerabhängig sind, teils in unterschiedlichen Maschinen verwendet werden können. Dieses Segment verzeichnet derzeit die höchsten Zuwachsraten. Lag der Verbrauch 2004 noch bei 2750 Tonnen, stieg er 2005 auf 7000 Tonnen, im Jahr 2007

bereits auf 21 000 Tonnen – Tendenz weiter steigend.

Pads gibt es für normalen Filterkaffee, aromatisierten Kaffee und Espresso. Letztere heißen E.S.E.-Pads (Easy Serving Espresso) und können auch in Espressomaschinen mit speziellem Siebträger eingesetzt werden; dann enthalten die kleinen, einzeln in Folien eingeschweißten Papierbeutel gemahlenen und komprimierten Espresso. Pads (Cialde, Servings) passen in viele Maschinen unterschiedlicher Hersteller; so kann man den Kaffeeröster wechseln und legt sich nicht auf einen fest.

Kapselsysteme dagegen gehören zu einem geschlossenen System, das aus der Kaffeemaschine eines Herstellers und dem entsprechenden Kaffeesortiment eines Rösters besteht. Der Vorteil liegt in bestimmten Qualitätsstandards und Servicegarantien. Zugleich bieten die Röster sehr viele Produkte an, aus denen nach individuellem Geschmack gewählt werden kann. Ganz gleich, ob für Pads oder Kapseln gedacht: Man sollte auf die bauliche Qualität der Maschinen achten. Kunststoffe altern an und in Kaffeemaschinen besonders schnell. UV-Strahlung härtet aus, Kaffee ist heiß und chemisch gesehen sauer, die auch hier notwendige Reinigung lässt die Oberflächen schnell altern. Auch Pads und Pods bzw. Kapseln sollten so schnell wie möglich verbraucht werden.

Dieser hochwertige Vollautomat liefert Schümli und Cappuccino sowie als Espresso eine Art Mokka.

Gaggias »Gilda« mit zwei gegenläufigen Federhebeln war die Luxus-Espressomaschine für zu Hause Ende der 1950er Jahre in Italien. Die Hebel ließen sich herunterklappen, damit sie in den Küchenschrank passte …

قوة سمر

® سمر

Samar®

®

أحبك يا سَمَر

القهوة رقم 1 بالمغرب

1 كلغ سكر عند
شراء 2 علب سمر

Diese Behälter mit Kaffeebohnen werden in Taroudannt,
Marokko, zum Verkauf angeboten.
So offen sollte gerösteter Kaffee
eigentlich nicht dem Sauerstoff
ausgesetzt werden.

NICHT NUR EINE FRAGE DES GESCHMACKS

WISSEN, SORGFALT UND FRISCHE SIND DAS A UND O

Viele Jahrzehnte lang waren die Geschmacksvarianten, die uns die marktbeherrschenden Röster boten, nicht sehr zahlreich. Über die Güte des Getränks entschied in erster Linie die Kunst der Zubereitung, und diese definierte sich allzu oft über das Verhältnis von Wasser und Kaffeepulver.

Inzwischen hat sich der Markt, ähnlich wie der Weinmarkt, in eine neue Richtung entwickelt: Der früher absolut markentreue Kunde (Kaffee erfreute sich bislang der höchsten Markentreue aller in Deutschland angebotenen Produkte) probiert nicht nur neue Techniken aus, sondern auch zahlreiche neue Produkte, Mischungen (Blends), sogar »single origins«, also Kaffees aus einem Land, einer Region, manchmal einer Finca aus. Mehr Vielfalt im Angebot, mehr Interesse am Produkt und viel mehr Wissen schulen den Geschmack des Kaffeeliebhabers. Und wie es beim Wein schon längst geschehen ist,

> »In der geräumigen Cantine des employés war es warm und anmutend durch den Duft des Morgengetränks, das der Cantinier aus zwei blanken Maschinen in Tassen füllte. Der Zucker lag schon in Schalen, und die Frau goss Milch nach ... Wieder in der Cantine, sorgte ich denn auch für mich, schlürfte meinen Café au lait, der außerordentlich mundete.«
>
> Thomas Mann, »Bekenntnisse des Hochstaplers Felix Krull«, 1954

darf man annehmen, dass dies auf längere Sicht auch gute Qualität und faire Preise für alle bedeutet.

Dennoch gilt: Das Zauberwort für einen guten Kaffee, gleich welcher Sorte, Zubereitungsart und Darreichungsform, heißt Frische: Frisch geröstete Bohnen sollten frisch gemahlen werden und der Kaffee nach dem Brühen so schnell wie möglich getrunken.

Ohne spürbare Qualitätseinbuße lässt sich Filterkaffee in einem Thermosgefäß etwa 30 Minuten aufbewahren. Aufgrund mangelnden Wissens, falscher »Hamstermentalität« oder auch aus Nachlässigkeit tendieren Menschen dazu, sich größere Kaffeevorräte anzulegen, als sie rechtzeitig verbrauchen können. Dies aber beeinträchtigt nicht nur den Trinkgenuss, sondern geht auch zu Lasten der Verträglichkeit. Bei zu lange gelagertem, erst recht bei angebrochenem und gemahlenem Kaffee oder gar länger in der Thermoskanne verweilendem Filterkaffee entwickeln sich Säuren, die vielen auf den Magen schlagen. Der Mensch liefert also den entscheidenden Beitrag, ungeachtet aller Vielfalt des Kaffeeangebots und aller Technik. Er wählt die Kaffee-Mischung oder Sorte aus, bestimmt den Mahlgrad, reguliert die Wasserqualität, entscheidet über die Sorgfalt der Zubereitung, Hygiene und Präsentation. Auch beim Kaffee ist das Ganze eben mehr als die Summe der Teile.

Unser Geschmack wird tatsächlich »von Muttern«, also von Kindheit an grundlegend geprägt und in den emotionalen Ebenen des Gehirns, im Limbischen System, gespeichert; andererseits sind wir lernfähig, auch was unseren Geschmack betrifft. Also sollte man ruhig die volle Breite und Tiefe des heutigen Angebotes probieren. Man kann hier mit Sicherheit ebenso interessante Erfahrungen machen wie beim Wein in den letzten Jahren.

Die Kunst des Röstens besteht darin, die geschmacklich-aromatischen Eigenschaften der jeweiligen Sorte optimal zur Entfaltung zu bringen. In der Regel haben dunklere Röstungen weniger Säure und mehr Bitterstoffe.

Das Glas Wasser gehört zum Espresso dazu. Am besten trinkt man es vorher, um die Geschmacksknospen zu klären.

KAFFEE UND WASSER

WEIT MEHR ALS EIN LÖSUNGSMITTEL

Eine Tasse Kaffee enthält bis zu 99 Prozent Wasser. Kein Wunder, dass dieses Hauptlösungsmittel bei der Kaffeeherstellung eine immer größere Bedeutung hat, sowohl für den Geschmack als auch für den Erhalt unserer Geräte.

In der Natur kommt Wasser nicht im reinen Zustand vor. Seine hohe Bindungsbereitschaft lagert viele Stoffe aus der Umgebung ein. Gesteins- und Bodenverhältnisse, Tiefen- oder Oberflächenwasser und die jeweilige Aufbereitung durch die Wasserwerke und/oder eigene Filter definieren das zur Verfügung stehende Wasser. Für den Geschmack von Kaffee spielen Mineralien eine große Rolle, insbesondere Kalzium. Unter Hitzeeinfluss fallen Kalzium-Ionen aus. Der Härtegrad, die Gesamthärte (Einheit d°, deutsche Härte) gibt den Gehalt an Kalzium- und Magnesium-Ionen an, je mehr, desto härter nennt man das Wasser. Sowohl für den Geschmack als auch, um die Verkalkung der Maschinen zu verlangsamen, empfiehlt sich ein Härtegrad von 6 bis 8 °d.

Da wir in Deutschland Wasser mit dieser Eigenschaft kaum noch vor Ort vorfinden, wird die Benutzung einer geeigneten Filtertechnik fast unerlässlich. Ebenso wichtig ist der sogenannte pH-Wert, der den eher sauren oder eher basischen Zustand von Flüssigkeit misst. pH steht für *potentia Hydrogenii*, bedeutet folglich die »Kraft des Wasserstoffs«. Die Skala beginnt im sehr sauren Bereich mit 1 und reicht bis 14 – sehr basisch. »Weiches« Wasser, also unter 6 °d, hat einen eher sauren, »hartes« Wasser, also über 8 °d, einen eher basischen Charakter.

Weiches Wasser würde also zusammen mit säurebetonten Arabica-Sorten unter Umständen sogar Sahne zum Gerinnen bringen, ebenso betont es die Säure von helleren Röstungen. Ist das Wasser jedoch ziemlich hart, also über 12 °d, neutralisiert es die feinen Fruchtsäuren, den schlanken Körper, dem Geschmack fehlen Volumen und Differenzierung.

Bei hartem Wasser bilden sich sehr schnell Kalkablagerungen in der Maschine und führen dort zu erheblichen funktionalen Einschränkungen bzw. zu vorzeitiger Zerstörung. Neue Filtertechniken können auch unerwünschte Mineralien und Chlor entfernen, und damit den Geschmack verbessern helfen.

Während die Gastronomie heute durchwegs Filterkartuschen zur entsprechenden Wasseraufbereitung nutzt, gibt es für den privaten Haushalt drei Möglichkeiten: Man kann ausschließlich kalkarmes Mineralwasser benutzen, das Wasser mit einer kleinen Filterkanne entkalken oder einen kleinen Kunststofffilter am Wasserzulauf der Maschine anbringen. Je nach Härtegrad müssen die Filterchen regelmäßig nach vier bis sechs Wochen gewechselt werden. Da es keine Filter für zu saures Wasser gibt, kann der Kaffeeliebhaber in entsprechenden Regionen bei Bedarf nur auf säurearme Kaffeemischungen zurückgreifen.

Eine **Faema-Urania-Hebelmaschine**, ein leuchtender Blickfang.

> »Überfiel ihn die Müdigkeit, so legte er den Kopf auf den Arm und schlief. Sobald er wieder erwachte, ließ er sich nicht, wie ihm fälschlich nachgesagt worden, Champagner, sondern starken Kaffee bringen, um sich munter zu halten. So wurde der Teil in sechs Wochen fertig; er ist aber auch wie aus einem Guss!«
>
> Johann Wolfgang von Goethe über Schillers Arbeit am »Wilhelm Tell«, 1804

Entscheidend für die Qualität des Espresso ist es, mittels eines Tampers einen Gegendruck aufzubauen. Verdichtet man zu wenig, wird das Ergebnis dünn und wässrig.

KLEINE GESCHICHTE DES ESPRESSO

FÜR VIELE DER INBEGRIFF DES KAFFEEGENUSSES

Sobald Kaffee sich in Mitteleuropa ausbreitete, gab es zahllose Versuche, dieses Getränk stärker zu konzentrieren. Im 19. bis zu Beginn des 20. Jahrhunderts war der Mokka die klassische Methode: ein starker Kaffee, der in sehr kleinen Tässchen serviert wird. An Frankreichs Bars setzte er sich als »l'esprès«, als kleiner starker Kaffee durch. In Italien dagegen filterte man um diese Zeit noch mittels großer Metallsiebe, in die man große Mengen grob gemahlenen Kaffee füllte. Die erste Tasse Kaffee war stärker als die letzte, die lange Kontaktzeit mit Metall ließ den Kaffee schnell säuern und bittern, und schließlich dauerte es einfach sehr lange.

Ein Mailänder Metallwarenhersteller, Luigi Bezzera, soll sich darüber besonders geärgert haben. Seine Idee, 1901 zum Patent angemeldet, veränderte in wenigen Jahren die gesamte europäische Kaffeewelt: der Siebträger, der mit Kaffeepulver gefüllt wurde, durch das man dann den heißen Wasserdampf presste. Nun konnte man eine Tasse Kaffee einzeln, frisch und mit individueller Stärke in kurzer Zeit zubereiten. Bezzera verfügte über zu wenig Kapital, um seine Erfindung zu vermarkten, und verkaufte sie 1903 an einen Freund, den Industriellen Desiderio Pavoni. Dieser steuerte 1902 das Dampfventil bei, und ab 1905 konnte die neue Technik erfolgreich produziert werden. 1906 präsentierten Pavoni und Bezzera ihr Modell auf der Internationalen Ausstellung in Mailand.

Siebgröße, Lochanzahl und Lochdurchmesser waren anfangs sehr unterschiedlich, somit auch das Getränk, das mittels Dampfdruck »durchgepresst« wurde. Einige, heute meist Vergessene experimentierten weiter, auf der Suche nach höherer Konzentration und noch besserem Geschmack. Dies war technisch nicht einfach, denn der Kesseldruck ließ sich kaum erhöhen, ohne zu riskieren, dass die schlecht gelöteten Nähte platzten und der Kessel explodierte. Eine neue Idee, irgendwie Druck von außen auszuüben, musste her. Einen beeindruckenden Versuch unternahm Francesco Illy 1935 mit seiner »Illetta«. Nun wurde der Druck nicht mehr durch (zu heißen) Wasserdampf, sondern durch Druckluft erzeugt und gesteuert. Neu war auch die automatische Wasserdosierung.

1938 bastelte ein armer kleiner Techniker, Cremonesi, eine Art Kolben, mit dem er durch Verschrauben das Wasser komprimierte. Nach seinem plötzlichen Tod gelangte das Patent an den Mailänder Techniker Achille Gaggia, ebenfalls einen Bastler. Er hatte die Idee, den Kolben mittels einer starken Feder, die durch einen Hebel heruntergedrückt wird, zu bewegen. Durch den Ausbruch des Zweiten Weltkriegs konnte er seine Entwicklung erst 1947 zum Patent anmelden. Es bedeutete den Durchbruch zu einem völlig neuartigen Getränk: sehr konzentriert, aromatisch – und erstmals mit einer feinen öligen Schicht bräunlichen Schaums überzogen, der Crema. Gaggia wusste wahrscheinlich nicht, dass er hier keine wässrige Lösung, sondern eine Emulsion erzeugte. Und die schmeckte einfach überraschend anders. Als er 1948 seine erste Maschine vorstellte, verdächtigten ihn seine Mitbewerber, Seifenpulver hin-

Für die hohen Ansprüche der Gastronomie an zahlreiche Kaffeeprodukte wurden in den letzten Jahren technisch sehr aufwendige Vollautomaten entwickelt. Hier ein Gerät mit bis zu 4 Mühlen und eingebautem Milchkühlschrank. (oben)

Ein typische Gastronomie-Kaffeemaschine der 50er Jahre, rechts der Einzelauslass, links der beheizte Vorratsbehälter. (unten)

Eine **Piccolarbar** aus den 1950er Jahren. Diese sehr kleine, aber sehr schwere einhebelige Espressomaschine stand vielleicht in einem norditalienischen Geschäft.

Eine sehr aufwendig gestaltete zweikreisige Espressomaschine mit E 61-Brühgruppe, rechts Heißwasserauslass, links Milchaufschäumer.

zugefügt zu haben. Daher schrieb er auf die Front seiner Maschine »caffé crema di caffé naturale«. Viele bis dahin bekannte Kaffeemaschinen-Hersteller, die nicht sofort auf diese Technik umschwenkten, sind heute Geschichte, darunter Snider, Universal, Eterna, Eletta, Aurora, La Minerva. Andere Firmen, die innerhalb weniger Jahre die Produktion dieser Technik aufnahmen: La San Marco, Victoria Arduino, Rancilio, La Marzocco, La Cimbali – haben auch heute noch klingende Namen.

Achille Gaggias geniale Technik definierte nicht nur ein neues Getränk, sondern einen bis heute gültigen Standard: Man nehme 7 bis 9 Gramm deutlich dunkler als Brühkaffee geröstetes, fein gemahlenes Kaffeepulver, komprimiere es mittels eines Tampers (Kaffeemehlpresser) im Siebträger und extrahiere es bei 8 bis 10 bar Druck, einer Wassertemperatur zwischen 90 und 94 °C in 2,5 bis 3 cl Wasser; die Extraktionszeit beträgt dabei 15 bis 30 Sekunden. Die ja sehr unterschiedlichen Werte sind durch die ebenfalls sehr unterschiedlichen Kaffeequalitäten und deren Mahlgrad bedingt.

Die Wassermenge war anfangs weit größer, die heute übliche kleine Espressotasse kam erst in den Folgejahren. Da das Getränk durch seine geringe Menge schnell auszukühlen drohte, wählte man zunächst dickes, glasiertes Steinzeug, da es die Wärme besser speichert. Erst in den letzten Jahren setzte sich Porzellan durch. Wie kam Robusta-Kaffee als zunehmend beliebter Bestandteil in den Espresso? Anfang des 20. Jahrhunderts war die Schicht in Italien, die sich hochwertige Kaffees leisten konnte, sehr klein. Hauptsächlich importierte man in großen Mengen »Riory-Brasil«-Kaffee, also fehlerhafte brasilianische Arabica-Sorten. Diese waren nicht unbegrenzt verfügbar, so wich man auf die nächst billigeren Kaffeesorten aus und kaufte Robusta. Heute finden sich in Expressokaffee-Mischungen alle Varianten, von 100 Prozent Robusta, meist aus Süditalien, bis zu 80 bis 100 Prozent Arabica, meist aus dem Norden.

Generell hat die Mischung der beiden ihre Vorteile: Röstet man Arabica dunkel, neigt er dazu, leicht zu bittern und seinen filigran strukturierten Körper zu verlieren. Die Crema der fetthaltigeren Bohnen ist viel feinporiger und zerfällt schneller. Der Robusta dagegen hat mehr Körper, mehr Fülle, wenn es auch keine so feine Aromenvielfalt bietet. Er enthält weniger Säuren und bildet meist auch weniger Bitterstoffe. Er entwickelt wesentlich mehr und festere Crema – für viele Espressotrinker ein wichtiges Kriterium. Tatsächlich ist das sofortige Schlürfen der Crema ein eigener Genuss.

Es dauerte Jahrzehnte, bis der Espresso über die Grenzen Italiens breiten Zuspruch fand. Der Verbrauch in Deutschland steigt rasch: 2003 gerade 13100 Tonnen, waren es 2005 bereits 25000, 2007 dann 36 000 Tonnen. Im Jahr 2007 wurde erstmals mehr Espresso und Caffè Crema – aus deutschen Röstungen verkauft als aus italienischer. Der Siegeszug des Espresso dauert also immer noch an.

1901 wurde der Siebträger vorgestellt und 1911 in diese französische gasbetriebene Kaffeemaschine eingebaut. Der Carossier Chabaud versah sie sogar mit Porzellandrehknöpfen und Adler.

ERSATZKAFFEE

AUCH FÜR KINDER GEEIGNET …

Als Röstkaffee in Europa heimisch wurde, lag neben der anregenden Wirkung der besondere Reiz im Röst-Charakter des Getränkes. Schon früh versuchte man, den Geschmack auch mit gerösteten Getreidekörnern zu erreichen. 1685 gab es Berichte von »Damenkaffee«, der als Ersatz für den »Türkentrank« dienen sollte. Mit Blick auf die Staatsfinanzen legte der preußische König Friedrich II. (1712–1786) 1766 ein Staatsmonopol für den Rohkaffee-Import fest, später auch ein Röstmonopol; schließlich besaß Deutschland keine Kaffee produzierenden Kolonien, und es galt, Devisen zu sparen. Hohe Zölle und Steuern auf Kaffee begünstigten nicht nur den Schmuggel, sondern auch die Suche nach Kaffee-Ersatzstoffen, die der König förderte, auch wenn er selbst ein starker Kaffeetrinker war. »Bessere Verträglichkeit« wurde meist offiziell als Grund genannt, Bohnenkaffee mit Surrogaten zu mischen oder gar komplett zu ersetzen. Tatsächlich war damit ein gutes Geschäft zu machen, und auch für den Konsumenten war Ersatzkaffee eine sehr preiswerte Alternative. Damit markierte der Genuss echter Bohnen den sozialen Stand: »Oben« trank man echten, »unten« Ersatz- oder zumindest gestreckten Kaffee.

Ein Arzt am preußischen Hof, der Calvinist Cornelius Bontekoe eigentlich ein großer Fürsprecher von Kaffee, brachte auch geröstete Kastanien, Roggen- und Weizenkörner ins Gespräch. 1770 wurde in Braunschweig die erste »Cichorien-Pulver-Fabricke« in Betrieb genommen. Um 1780 wurde alles geröstet, was sich im Entferntesten dazu eignete. Kastanien, Roggen- und Weizenkörner, Gerste, Nüsse, Eicheln, Bucheckern, gelbe Möhren, Reis, Erdnüsse, Runkelrüben, Feigen, Zichorie und vieles mehr. Innerhalb weniger Jahre entstanden rundum zahlreiche Ersatzkaffee-Fabriken, zunächst in Norddeutschland, dann im Süden und in Österreich; sie erhielten weiteren Aufschwung durch den Stopp aller Kaffee-Importe während der napoleonischen Kontinentalsperre von 1806 bis 1812.

Gegen Ende des 19. Jahrhunderts erfuhr mit der Mälzung des Getreides vor dem Rösten der Malzkaffee großen Aufschwung, auch unter Berufung auf den Priester und Reformer Sebastian Kneipp.

Bis vor wenigen Jahrzehnten wurden in Deutschland weit mehr Kaffeesurrogate oder Surrogat-Kaffee-Mischungen getrunken als echter Bohnenkaffee: 1938 betrug der Pro-Kopf-Verbrauch 200 Liter pro Jahr, gefolgt von 155 Litern Milch, 70 Litern Bohnenkaffee und 60 Litern Bier, 1950 waren es in der Bundesrepublik immer noch 120 bis 140 Liter.

Während der Weltkriege gab es keine Kaffee-Einfuhren nach Deutschland. Nach dem Zweiten Weltkrieg (und der Schwarzmarktzeit, während der für echten Kaffee astronomische Preise erzielt wurden) wurde dann der Ersatzkaffee oder »Muckefuck«, wie er im Volksmund

Auch Ersatzkaffee kann, richtig zubereitet, ein wohlschmeckendes Getränk sein.

Als »Erichs Krönung« verspotteten die Bürger der ehemaligen DDR die in der Kaffeekrise in den 1970er Jahren angebotene Ersatzkaffee-Mischung.

heißt, zunehmend vom Markt verdrängt; nur in der damaligen DDR wurden während der »Kaffeekrise« 1977 Ersatzstoffe wieder mit Kaffee gemischt.

Im Wettbewerb zum Kaffee spielen Ersatzkaffees heute nur mehr eine sehr geringe Rolle. Im Handel sind meist Mischungen verschiedener Surrogate, in Deutschland vorwiegend auf Getreidebasis, neuerdings auch aus Dinkel, Süßlupinen oder Sojabohnen. Die Produkte sind heute durch Rezeptur und Herstellung geschmacklich sehr verbessert. Sie werden überwiegend als Extrakte angeboten, nur noch zu einem geringen Teil als gemahlene Ware (bis zum Zweiten Weltkrieg wurden noch 85 Prozent ungemahlen als Körnerware verkauft). Die Produkte werden als »Naturkost« immer noch gern mit dem Gesundheitsaspekt beworben, mit Namen wie Landkaffee, Kinderkaffee, Malzkaffee etc.

Unsere westlichen und östlichen Nachbarn nutzen dagegen eher zichorienbetonte Surrogate; in Frankreich und Belgien werden sie auch mit Bohnenkaffee gemischt, um die Bitternote zu verstärken; in Polen wurde kürzlich die Löwenzahnwurzel wieder eingeführt. In Österreich herrscht unter den Surrogaten noch größere Vielfalt, vom Caroben- bis zum Feigenkaffee. Ob es sich um echten Bohnenkaffee oder Ersatzkaffee handelt, lässt sich am Etikett ablesen. Die deutsche Kaffeeverordnung schreibt vor, dass mit »Kaffee« geröstete Kaffeebohnen gemeint sind.

In Frankreich ist noch heute der Morgenkaffee mit Milch und etwas Zichorie beliebt.

Schon der italienische Arzt Prosper Alpinus beschrieb im 16. Jahrhundert die geschmackliche Ähnlichkeit der gerösteten Zichorienwurzel mit Kaffee und ihre gesundheitlichen Vorteile.

KAFFEE OHNE

KOFFEINFREI GENIESSEN

Die meisten Menschen trinken Kaffee nicht nur des Geschmacks, sondern vor allem auch der anregenden Wirkung des Inhaltsstoffs Koffein wegen; für viele andere aber ist genau dies ein Grund, sich beim Kaffee zurückzuhalten oder gar völlig darauf zu verzichten. Dank entkoffeiniertem Kaffee können heute alle Kaffee ebenso uneingeschränkt wie unbeschwert genießen.

Dem Bremer Kaufmann Ludwig Roselius (1874–1943) und seinem Chemikerteam gelang es 1905, dem Rohkaffee das Koffein zu entziehen, ohne den Geschmack des Kaffees wesentlich zu beeinträchtigen. Seine »Kaffee-Handels-Aktiengesellschaft«, die Kaffee HAG, wurde zum Synonym für entkoffeinierten Kaffee in der Welt.

Seitdem wurden verschiedene Verfahren entwickelt und so verfeinert, dass sich geschmacklich kein Unterschied mehr zu koffeinhaltigem Kaffee feststellen lässt. Das Grundprinzip der Entkoffeinierung ist dabei stets das gleiche: Durch die Zuführung von heißem Wasserdampf wird die Zellstruktur der Rohkaffeebohnen durchlässig; mithilfe eines Lösungsmittels (Dichlormethan, Ethylacetat bzw. Essigester, flüssige oder gasförmige Kohlensäure oder Wasser mit Aktivkohle) wird das Koffein aus den Bohnen herausgelöst. Nach der Reinigung bzw. Entfernung des Lösungsmittels und der Trocknung ist der entkoffeinierte Rohkaffee für die Röstung vorbereitet. Zwar gehört das Koffein zu den Bitterstoffen, doch macht es nur etwa 30 Prozent aus. Der größere Teil der Bitter-

> Auch **entkoffeinierter Kaffee** wirkt stimmungsaufhellend. Für Frauen in der Schwangerschaft ist er eine gute Alternative.

stoffe besteht aus sogenannten Maillard-Produkten, die sich bei der Röstung aus der Umsetzung von reduzierenden Zuckern (Sacchariden und Polysacchariden) mit Aminosäuren bilden. Daher bleibt der typische Kaffeegeschmack auch nach der Entkoffeinierung erhalten.

Alle Verfahren sind für den menschlichen Organismus nachweislich unbedenklich. Der Restgehalt an Koffein in entkoffeiniertem Kaffee wurde vom deutschen Gesetzgeber auf maximal ein Gramm pro Kilogramm festgelegt. Man müsste also mindestens 15 Tassen entkoffeinierten Kaffee trinken, um den Gehalt einer Tasse unbehandelten Kaffees zu sich zu nehmen.

Kürzlich wurden auf Madagaskar und in Äthiopien Kaffeesorten entdeckt, die weniger Koffein als herkömmliche Kaffees enthalten. Deren Koffeingehalt übersteigt allerdings die gesetzlich vorgeschriebenen Maximalwerte (1g/kg), sodass eine zusätzliche Bearbeitung des Kaffees zur Entkoffeinierung erforderlich ist. Jeder Röster bietet heute mindestens eine Sorte entkoffeinierten Kaffee an; auch viele lösliche Produkte sind im Handel. Die Heimatstadt von Ludwig Roselius ist noch heute die Stadt der »Entkoffeinierer«. Neben der HAG sind hier die beiden größten Entkoffeinierungsfirmen der Welt zu Hause, insgesamt beheimatet Bremen über 60 Prozent der weltweiten Kapazitäten.

Übrigens: Viele Menschen trinken beides: koffeinhaltigen Kaffee, wenn sie die aufmunternde Wirkung suchen, entkoffeinierten, wenn sie »folgenlos« genießen möchten.

Köstlich duftet die
Espresso-Mischung, wenn man
die Packung frisch öffnet ...
Heute kann man Expresso auch
entkoffeiniert trinken.

GESUNDHEIT

MEHR ALS NUR EIN GENUSSMITTEL
THERAPEUTISCHER EINSATZ VON KAFFEE

Schon vor Tausenden von Jahren setzten unsere afrikanischen heilkundigen Vorfahren Kaffee als sanftes Therapeutikum bei vielerlei Beschwerden ein. Lange währte die Diskussion, ob Kaffee ein reines Genussmittel oder eine Droge ist. Letzteres wird inzwischen mehrheitlich verneint. Auch wenn sich viele Menschen, die regelmäßig Kaffee trinken, bei »Kaffeeentzug« unwohl fühlen, kann man nicht von Koffein- oder Kaffeesucht sprechen. Koffein spricht im Gehirn keine für Sucht bekannten Gehirnregionen an. Auch treten keine, für Alkohol oder andere Drogen typischen Reaktionen (Bewusstseinstrübung, antisoziales Verhalten oder Persönlichkeitsveränderungen) oder organischen Schäden auf. Kaffeetrinker müssen außerdem die Kaffeemenge nicht ständig erhöhen, um die anregende Wirkung zu erhalten; ganz im Gegenteil, diese Wirkung ist umso besser, je maßvoller man trinkt, das heißt die Zeitspanne von einer zur nächsten Tasse hinauszögert.

Sehr wohl aber könnte man Kaffee unter medizinischen Gesichtspunkten als »Wirkstoff« bezeichnen, der zwar individuell (nach Alter, Geschlecht, Größe, Gewicht, Lebensumständen und gesundheitlichem Allgemeinzustand) unterschiedliche, aber (fast) immer spürbare positive Folgen auf das Befinden hat. Zwar konzentriert sich die ärztliche Aufmerksamkeit vor allem auf den Einzelbaustein Koffein, das heute in vielen Medikamenten, besonders Schmerzmitteln eingesetzt wird. Doch ist die zubereitete Tasse Kaffee tatsächlich ein »Kombinationspräparat« und als sanftes Therapeutikum wirksam.

■ Am bekanntesten ist wahrscheinlich die Wirkung von Kaffee gegen Kopfschmerzen unterschiedlichen Ursprungs (Wetterfühligkeit, »Kater«), sogar Migräne. Ein Espresso oder ein kleiner starker Kaffee ohne Zucker können schon Linderung verschaffen; versetzt man sie mit frischem Zitronensaft, so ist dieser Cocktail zwar keine Delikatesse, aber er hilft fast immer. In der Kombination mit Aspirin verstärkt sich die Wirkung um das Mehrfache.

■ Zwar scheint ein spätnachmittags oder am frühen Abend genossener Kaffee bei manchen Menschen das Einschlafen zu erschweren, vor allem wenn diese eher selten oder wenig Kaffee trinken. Dennoch lässt sich ein Zusammenhang zwischen Schlafproblemen und Kaffeekonsum bei Untersuchungen nicht eindeutig feststellen. Tatsächlich kann Kaffee in bestimmten Fällen sogar das Gegenteil bewirken: Bei älteren Menschen mit einer schlechten Hirndurchblutung und/oder niedrigem Blutdruck kann eine Tasse Kaffee oder ein Espresso spät am Abend das Einschlafen fördern. Ist nämlich der Blutdruck zu niedrig, verhindert eine Hirnfunktion aus Sicherheitsgründen, dass der Mensch in Schlaf fällt.

Die therapeutische Wirkung von Kaffee war schon zu Kolonialzeiten bekannt.

> »Kaffee eignet sich als Hilfsmittel gegen verschiedene Übel und hat sicherlich ebensoviele gute Eigenschaften, wie man dem »tai« (Tee) zuschreibt.«
>
> Jean de Thévenot (1633–1667)

Steigt nun der Blutdruck leicht an, wird die Wirkung des Schlafhormons Melatonin freigegeben.

■ Bei Menschen, die überwiegend sitzend arbeiten und sich zudem noch ballaststoffarm ernähren, ist Verstopfung ein lästiges Übel. Die morgendliche Tasse Kaffee ist bei vielen Menschen ein bewährtes Mittel gegen Darmträgheit, indem sie die Darmperistaltik stimuliert.

■ Bereits die Urvölker Afrikas kannten die stimmungsaufhellende, kommunikationsfördernde Wirkung der Kaffeebohnen. Insbesondere das Koffein, aber auch ein anderer morphinähnlicher Stoff im Kaffee unterstützen die Arbeit der Botenstoffe Dopamin und Serotonin im Gehirn und helfen so bei leichten Formen der Depression und Ängstlichkeit – wenn Kaffee in Maßen getrunken wird. Dieser Effekt ist auch bei entkoffeiniertem Kaffee nachweisbar.

■ Beim Abnehmen unterstützt Kaffee auf mehrfache Weise: Er regt die Lebertätigkeit an und erhöht leicht den Grundumsatz, also die Energieverbrennung um etwa 50 bis 100 Kalorien; dies nennt man den »thermogenen Effekt«; ohne Zucker und Milch oder Sahne ist er ein nahezu kalorienfreies, aufmunterndes und aufhellendes »Belohnungsgetränk« bei einer Diät.

■ Sogenannte »Morgenmuffel«, die unter morgendlicher Trägheit leiden und schwer in Schwung kommen, sind mit einer Tasse Kaffee (möglichst nicht auf ganz nüchternen Magen) gut beraten, was der kreislaufanregenden und durchblutungsfördernden Wirkung des Kaffees zu verdanken ist. Eine Tasse Kaffee als vielfach nachgewiesener »Wachmacher« nutzt auch Schichtarbeitern und Autofahrern, allerdings frühestens erst nach etwa 15 Minuten.

■ Bereits vor über 100 Jahren war die lindernde Wirkung von Kaffee bei Asthmatikern bekannt, er wurde sogar als Therapeutikum eingesetzt. Großangelegte neue Studien mit über 70 000 Patienten konnten diese Wirkung nochmals bestätigen. Bei einem höheren Konsum als drei Tassen täglich reduzierte sich das Anfallsrisiko um 28 Prozent, da Koffein die Bronchien erweitert.

Insbesondere bei der schmerzlindernden, stimmungsaufhellenden und wachmachenden Wirkung des Kaffees fällt auf, dass diese umso stärker ausfällt, je weniger Kaffee man trinkt. Geraten wäre also ein maßvoller Umgang mit Kaffee, was etwa vier bis sechs Tassen entspricht, die zudem in größeren zeitlichen Abständen getrunken werden sollten. Kaffee wirkt also am besten, wenn er auch Genussmittel bleibt!

Weniger ist mehr:
Die anregende Wirkung von Koffeinkaffee ist bei maßvollem Genuss (bis zu fünf Tassen am Tag) besser. Wer kannenweise Kaffee trinkt, wird eher müde.

Cappuccino stellt ganz besondere Anforderungen an den Kaffeeautomaten und an den Menschen, der ihn bedient.

KAFFEEWISSEN IN STICHWORTEN FÜR PRAXIS UND GENUSS

Drei Möglichkeiten, Kaffee zu kaufen: Bohne, gefriergetrocknet oder gemahlen. Der Kenner schmeckt den Unterschied.

Das Auge trinkt mit:
Die künstlerische Verzierung des Milchschaums beim Cappuccino erfordert viel Fingerspitzengefühl.

Arabica
Aus Äthiopien stammende Art der Pflanze Coffea, heute mit über 50 eigenständigen Varietäten wie Tipica, Maragogype, Bourbon, Mocca und ca. 60 Prozent Marktanteil die wichtigste.

Aroma
Über 1000 Aromen der Coffea sind bereits identifiziert, man schätzt aber, dass sie über 1200 besitzt.

Aufbewahrung
Als Lebensmittel mit über 80 verschiedenen Fetten und Ölen muss Röstkaffee trocken, unter Sauerstoffausschluss, dunkel, kühl und möglichst kurz in geeigneten Folien oder luftdichten Gefäßen aufbewahrt werden. Geöffnete Packungen in wenigen Tagen verbrauchen.

Blend
Nahezu alle Markenkaffees sind Blends, nämlich Mischungen aus 6 bis 7, selten bis zu 20 verschiedenen Sorten aus unterschiedlichen Herkunftsländern.

Biokaffee
Die Nutzung des Bio-Siegels richtet sich nach den Kriterien der EG-Öko-Verordnung. Das Bio-Siegel garantiert die Verwendung von Kaffee aus kontrolliert ökologischem Anbau: Verbot der Bestrahlung von Öko-Lebensmitteln und von gentechnisch veränderten Organismen, Verzicht auf Pflanzenschutz mit chemisch-synthetischen Mitteln und leicht lösliche, mineralische Dünger etc. Nur Erzeuger und Hersteller, die die Bestimmungen der EG-Öko-

Verordnung einhalten und sich den vorgeschriebenen Kontrollen durch akkreditierte Kontrollstellen unterziehen, dürfen ihre Produkte als Bio- oder Ökoware verkaufen und mit dem Bio-Siegel kennzeichnen. Dies betrifft besonders auch Ersatzkaffeeprodukte.

Bohne
Umgangssprachliche Bezeichnung für die Kerne der Kaffeekirsche, botanisch eigentlich falsch, denn meist enthalten die Kirschen zwei Kerne, die mit der flachen Seite einander zugewandt sind; einen »Solo«-Kern nennt man Perlbohne.

Café
Mittlerweile weltweit übliche Bezeichnung für ein kleines Kaffeehaus mit Sitzplätzen, manchmal aber auch nur für einen beliebigen Ort des Zusammentreffens, an dem man unter anderem auch Kaffee trinken kann (Internet-Café, Literatur-Café).

Cappuccino
Ein aus Italien stammendes Warmgetränk, das aus ca. 3 cl Espresso besteht, mit Milchschaum aufgefüllt und in einer ca. 0,18 l fassenden Tasse serviert wird.

Crema
Gehört zu einem guten Espresso, der eine ca. 1 bis 3 mm dicke Schicht mit ölig-cremiger, feinporiger Konsistenz in hell-dunkelbraunen Tönen aufweisen sollte.

Dosierung
Ein wesentlicher Faktor bei der Zubereitung einer Tasse

Kaffee oder Espresso, ca. 6,5 bis 9 g Kaffeemehl sind bei beiden üblich.

Einkauf
Kaffee schmeckt frisch geröstet, frisch gemahlen und frisch zubereitet am besten. Also beim Kauf auf das Mindesthaltbarkeitsdatum der Packung achten und lieber kleine Mengen für den kurzfristigen Bedarf einkaufen als große Vorräte anlegen. Dies gilt für den Haushalt ebenso wie für den Handel und die Gastronomie.

Entkoffeinierter Kaffee
Da die Wirkung des Koffeins im Kaffee lange negativ beurteilt wurde (Nervosität, Bekömmlichkeit, Erhöhung des Blutdrucks u.ä.), versuchte man, diese Substanz schon sehr früh zu isolieren und zu entfernen. Weltweit hat entkoffeinierter Kaffee heute einen Marktanteil zwischen 2 und 5 Prozent. Entkoffeinierter Kaffee ist nicht koffeinfrei, sondern hat einen Koffeinanteil von weniger als 1g/kg.

Espresso
Der Begriff stammt aus dem Französischen: Unter l'esprés verstand man in Frankreich einen kleinen starken Kaffee. Da der Begriff Espresso nicht geschützt ist, darf heute auch das Getränk aus einem Haushaltsvollautomaten so genannt werden. Ein echter italienischer Espresso wird mit ca. 7 bis 9 g fein gemahlenem Kaffeepulver in einem Siebträger mit ca. 8 bis 16 Kilopond zusammengepresst, anschließend bei ca. 9 bar Druck mit etwa 2,5 bis 3 cl

Wasser bei 90 °C bis 95 °C gebrüht.

Filter
Der Versuch, das nicht lösliche Kaffeemehl nicht in das Getränk gelangen zu lassen, führte schon früh zu allen möglichen Formen der Filterung. Zunächst mit feinem Wurzelwerk, später mit Leinen, Metall und Porzellan, schließlich mit Papier (Filtertüten), dem heute am häufigsten eingesetzten Material.

Frische
Frische bedeutet Frische und nicht Frischedepot. Sie lässt sich speziell bei Kaffee aufgrund der hochkomplexen und sensiblen Aromastruktur leider nicht konservieren. Gemahlener Kaffee am Sauerstoff verliert in Sekunden an Aroma. Die heutigen Techniken der Konservierung durch die Rösterei und die Verpackung sind jedoch so gut, dass wir Kaffee an jedem Ort und jederzeit genießen können.

Geschmack
Ein aus mehreren Faktoren zusammengesetztes Erlebnisphänomen: Von im Limbischen System gespeicherten Erinnerungen und damit verbundenen Erwartungen über die geruchssensible Nase und die mit zahlreichen sensiblen Nervenenden, den Geschmacksknospen, ausgestatteter Zunge gelangen viele Eindrücke in die kognitiven Bereiche unseres Gehirns, die identifizieren und vergleichen. Dabei entsteht ein Gesamteindruck, der sich über Training (zum Beispiel

bei den Berufs-Kaffeekostern) sehr fein differenzieren lässt. Die sprachliche Formulierung des Geschmackseindrucks kann nur unzureichend sein und ist für den Laien manchmal nicht ohne Komik.

Gewöhnung

Kaffee macht nicht süchtig, also nicht abhängig, aber man kann sich an ihn gewöhnen. Das physische Bedürfnis (und eventueller Kopfschmerz) geht meist nach drei Tagen zurück. Da das Ritual etwa des morgendlichen Kaffeetrinkens aber stark emotional besetzt ist und motivierend wirkt, ist für viele Kaffeetrinker der Verzicht ein echtes Opfer.

Herkunft

Die Herkunft des Kaffees spielt eine große Rolle, da ja viele durch Sorte, Böden und Wachstum bedingte Faktoren in den Geschmack einfließen: der Kontinent, das Land, die geologischen und klimatischen Bedingungen, ebenso

wie Anbau, Pflege und Verarbeitung im Anbauland.

Hochlandkaffee

Hochlandkaffee, im Kaffeehandel als »Hochgewächs« bekannt, ist eine Qualitätsbezeichnung für Rohkaffees, die in Wachstumslagen ab 800 Metern bzw. sogar über 1300 Metern angebaut werden. Da sich in diesen Lagen die Reifung der Kirsche erheblich verlangsamt, können mehr Aromen in meist kleineren Bohnen eingelagert werden. Daher ist die Bezeichnung »Hochlandkaffee« durchaus ein Qualitätsmerkmal.

Ibrik

Im 16. Jahrhundert taucht im Osmanischen Großreich ein sehr praktisches Kännchen auf: Der Ibrik oder Cezwe ist ein bauchiges, auf vier bis sechs Tässchen Mokka ausgelegtes Metallkännchen mit einer starken Einschnürung am Hals und einem langen Stiel. Man kocht darin staubfein gemahlenen Kaffee,

meist mit Zucker gemischt, zusammen mit Wasser ein- bis dreimal auf und gießt dann mit Kaffeemehl in meist verzierte Mokkatässchen ein; der Kaffeesatz im Tässchen gehört dazu, wird von manchen sogar gerne mitgetrunken. Eine bis heute weitverbreitete und beliebte Methode.

Kaffeebaum

Er würde in der freien Natur bis zu 10, mancherorts bis zu 12 Meter Höhe erreichen. Um ihn besser ernten zu können und die Qualität der Früchte zu verbessern, schneidet man ihn auf ca. 2 bis 3 Meter herunter und entfernt wie beim Weinanbau eine gewisse Anzahl an Ästen, um mehr Energie, also Substanz in die Frucht zu lenken.

Kaffeehaus

Eine schon im 15. Jahrhundert im arabischen und persischen Raum übliche Bezeichnung für eine feste

Räumlichkeit mit Sicht ins Freie, vielen Sitzplätzen und Licht. Das Angebot ist zunächst auf Kaffee in mehreren Varianten ausgerichtet, ferner Säfte, Tee, Eis, Süßigkeiten und kleine Speisen. Die im Orient, von einigen Ausnahmen abgesehen, eher bescheidenen Räumlichkeiten wurden in Europa zu wahren Palästen mit Marmor, Spiegeln, aufwendigen Stuckarbeiten und komfortablen Sitzmöglichkeiten verwandelt und hießen dann vielerorts Café.

Kanne

Die Kaffeekanne war zunächst ein ausgehöhlter Kürbis, der im 16. Jahrhundert in Metall nachgeformt wurde. Da Kaffee in Metall unter Sauerstoffeinfluss jedoch schnell bittert und säuert, nutzte man schnell das aufkommende Porzellan für Kanne und Geschirr. Die heute tassenweise Herstellung hat die Porzellankanne nahezu vollständig aus dem Haushalt verdrängt. Man füllt heute in Glaskannen oder Thermoskannen, worin der Kaffee allerdings nur maximal 30 Minuten bleiben sollte.

Koffein

Ein in kleinsten Dosen hochwirksames Alkaloid aus der Gruppe der Xanthine, das in ca. 60 verschiedenen Pflanzen vorkommt; bekannt davon sind Tee, Guarana, Kolanüsse, Kakao und Mate. Koffein greift in viele Regelmechanismen des menschlichen Körpers ein, verbessert viele Leistungsparameter wie Konzentrationsfähigkeit, Wachheit, Wohlbefinden,

Herzleistung und auch die Atmungstiefe.

Latte Macchiato

Eigentlich ein italienisches Kindergetränk: Etwa 0,25 bis 0,3 l heiße Milch mit etwas Milchschaum und ein paar Spritzern Espresso darauf – daher macchiato, »fleckig«. Amerikanische Coffee-Shops verfremdeten dies zu einem Erwachsenengetränk mit bis zu 0,5 l Milch, einem langen Espresso und oft noch mit Sirup aromatisiert.

Magen

Wenn sich der Magen nach Kaffeegenuss mit Druckgefühl, gar Schmerz meldet, kann dies mehrere Ursachen haben: mehrere Tassen Kaffee morgens auf nüchternen Magen, länger als 30 Minuten in einer Thermoskanne warmgehaltener Filterkaffee, manchmal auch einfach minderwertige Kaffeequalitäten. Es sind fast immer bestimmte Säuren, die auf Dauer reizen, nicht das Koffein. Es empfiehlt sich, vorher etwas zu essen, säurearme Kaffees oder robustahaltigen Espresso zu wählen. Dieser bringt röst- und sortenbedingt deutlich weniger Säuren in die Tasse.

Mahlen

Der Mahlgrad, Frische und Mahlmethode haben großen Einfluss auf den Geschmack des zubereiteten Kaffees. Hielt man lange das Mörsern für die beste Methode, so heute das Schneiden mittels hochwertiger, oberflächenvergüteter, geschliffener Metallscheiben, sowohl im Haushalt als auch in der Gastronomie.

Die Industrie arbeitet mit großen Kegelmühlen. Beim Mahlvorgang vergrößert sich die Oberfläche der Bohne um ein Hundertfaches, die Aromen verfliegen sehr schnell. Daher sollte gemahlener Kaffee sofort verwendet oder unter Sauerstoffentzug luftdicht verpackt werden. Alle Mühlen müssen von Zeit zu Zeit gereinigt werden, Kaffeebohnen sollten nur kurz darin bleiben, denn sie oxidieren innerhalb von Minuten. Alte Mahlscheiben quetschen, da sie nicht mehr schneiden und verschlechtern damit die Extraktion spürbar, daher rechtseitig wechseln.

Milch

Eine der beiden Hauptzutaten zum Kaffee. Im Wiener Kaffeehaus zuerst angeboten, ist Milch heute bei manchen Rezepten der wesentliche Bestandteil (Latte Macchiato, Café au lait etc.). In vielen technischen Zubereitungen und Inhaltsstufen erhältlich, von fettarmer H-Milch über 3,8-prozentige Frischmilch bis laktosearm und Sojamilch. Aus Sicht des Genusses eine gute Zutat, verstärken doch Milcheiweiß und -fett die im Kaffee enthaltenen, meist an Fette und Öle gebundenen Aromen. Erwachsene, die Milch im Kaffee regelmäßig in großen Mengen und nicht nur zur Verbesserung des Geschmacks zu sich nehmen, riskieren möglicherweise eine Laktoseintoleranz.

Milde

Milde oder Schonkaffees bezeichnen Kaffeemischungen mit möglichst geringer Säure, manchmal auch geringerem

Koffeingehalt und heller Röstung. Der Begriff bezieht sich einerseits auf eine geschmackliche Qualität, andererseits auf Verträglichkeit. Magenempfindliche sollten aber vorsichtshalber auf sogenannte Schonkaffees zurückgreifen.

Mokka

Mokka, Mocka oder Mocha war einst eine blühende Hafenstadt am Roten Meer im Jemen, dem ersten internationalen Handelsland für Kaffee im 16. Jahrhundert. Bezeichnet heute sowohl eine Arabica-Art äthiopischen Ursprungs als auch ein Getränk, das nicht nur im Orient, sondern auch in Europa bis weit ins 20. Jahrhundert hinein beliebt war: ein kleiner, stark gebrühter Kaffee aus Arabicabohnen, in kleinen, feinen Porzellantässchen serviert. Heute noch das Empfangsgetränk der Scheichs im arabischen Raum.

Pad

Eine runde, bauchige Filterpapiertasche, in der sich 5 bis 7 g fein gemahlener Kaffee oder Espresso befinden. In Maschinen aus Kunststoff lässt sich hiermit ein kleiner starker Kaffee, in Maschinen mit metallenem Siebträger ein Espresso herstellen.

Pod oder Kapsel

Kleiner Behälter aus Kunststoff mit verschweißtem Deckel. Darin befinden sich ebenfalls 5 bis 7 g gemahlener Kaffee, meist eine Espresso-Röstung. Durch die firmeneigene Form und Technik ist man hier an ein Unternehmen gebunden,

das dazu passende Maschinen und Kaffeesorten anbietet.

Pre-brew

Bereits früh hat man beim Brühen von Kaffee beobachtet, dass Anfeuchten und anschließend wiederholtes Aufgießen die Qualität der Extraktion verbessert. Die Automatisierung der Kaffeeherstellung war ja auch auf Zeitgewinn ausgelegt, doch musste man erkennen, dass bei geringer Brühzeit das Ergebnis schlechter wurde. Also wird heute mittels eines Dampfstoßes und einstellbarer Zeit die Brühqualität technisch verbessert.

Robusta

Umgangssprachlich hat sich für die Gattung *Coffea canephora* der Begriff Robusta-Kaffee etabliert. Es ist eine Tieflandsorte, die (v.a. in Vietnam, Indonesien, an der Elfenbeinküste) unter vielen pflanzlichen und tierischen Feinden heranwuchs – und dadurch »robust« wurde. Sie enthält im Durchschnitt doppelt so viel Koffein wie Arabica. Da Robusta-Kaffee zunächst kaum kultiviert wurde, war er lange der arme Verwandte von Arabica-Sorten. Auch wenn er heute von wesentlich besserer Qualität ist und auf dem Weltmarkt oft mittlere Arabica-Preise erzielt, meinen viele Kenner, dass er die Topqualität eines Arabica-Kaffees nicht erreichen könnte. Für Espresso sind Arabica-Robusta-Mischungen empfehlenswert, auch, weil sie mit heutigen Maschinen schneller zu einem guten Ergebnis führen.

Röstung

Das trockene Erhitzen der Kaffeebohnen in entsprechenden Geräten und mit verschiedenen Techniken. Der Prozess des Röstens beginnt ab 150 °C und löst eine sehr komplexe Umstrukturierung der Inhaltstoffe der Bohne aus. Ist diese nach 3 bis über 20 Minuten beendet, werden die Bohnen heruntergekühlt, um Nachrösten zu vermeiden. Erst durch das Rösten können sich die weit über 1000 Aromen des Kaffees entfalten.

Säure

Kaffee enthält über 80 verschiedene Säuren, Arabica deutlich mehr als Robusta. Sie lassen das Getränk eleganter schmecken und lösen den Nachtrinkreflex aus. Unter Sauerstoffeinfluss tritt der Säuregeschmack störend in den Vordergrund. Im Filterkaffee ist Säure erwünscht, im Espresso versucht man sie eher zu unterdrücken.

Sahne

Dem Filterkaffee verleiht sie einzigartige Qualitäten und einen milchig-toffeeartigen Geschmack, indem sie die Säuren bindet. Die heute üblichen »Kaffeesahne«-Döschen enthalen weder Sahne noch Kaffee, sondern H-Milch und Kondensmilch. Praktisch, aber keinerlei vergleichbare Geschmacksqualität.

Satz

Was nach dem Brühen übrig bleibt, nennt man Kaffeesatz oder Trester. Darin befinden sich noch jede Menge Aromen und Inhaltstoffe, wir werfen also viel Gutes weg. Als Blumendünger sehr begehrt, sollte er möglichst schnell entsorgt werden, denn er schimmelt unglaublich schnell und in allen erdenklichen Farben. Manche können angeblich sogar darin lesen …

Sauerstoff

Vielleicht der Hauptfeind frisch gerösteten Kaffees überhaupt. Er verändert die Aromen und lässt die zahlreichen Fette und Öle des Röstkaffees schnell ranzig werden, am stärksten während und nach der Mahlung. Bei Filterkaffee, der länger steht, lässt er Bitterstoffe und Säuren hervortreten, die feinen Aromen verfliegen sehr schnell.

Schümli

Die Schweizer Bezeichnung für eine Tasse Kaffee aus dem Vollautomaten und gleichzeitig für eine speziell auf den Vollautomaten ausgerichtete Röstung. Sie liegt in Farbe und Geschmacksbild zwischen klassischem Filterkaffee und Espresso.

Sorte

Bei Rohkaffee die Unterscheidung zwischen Arabica und Robusta und ihren mittlerweile zahllosen Varietäten. Die in verschiedenen Mengenverhältnissen in einer Mischung (Blend) enthaltenen Sorten definieren das wiedererkennbare Geschmacksprofil einer Marke.

Tasse

Das empfehlenswerte Trinkgefäß richtet sich nach der jeweiligen Zubereitungsart. Die perfekte Espressotasse ist klein, dickwandig, meist leicht konisch, aus Porzellan oder Steingut, die ideale Tasse für Brühkaffee dünnwandig, oben weit, elegant.

Temperatur

Für die Zubereitung eines Kaffeegetränks ist die Brühtemperatur entscheidend.Die Wassertemperatur für alle Brühtechniken liegt zwischen 86 und 89 °C auf dem Kaffeemehl, beim Espresso deutlich höher, zwischen 90 und 95 °C.

Vakuum

Die Vakuumverpackung erhöht die Haltbarkeit wesentlich. Heute wird vorwiegend gemahlener Röstkaffee, meist in 250- bis 500-g-Packungen vakuumiert. Ist die Packung erst einmal geöffnet, hat der Feind Sauerstoff Zutritt; nun muss der Kaffee möglichst in ein bis zwei Tagen verbraucht werden. Der Vorgang der Vakuumierung entzieht allerdings Aromen.

Verpackung

Das Verpacken der Ware diente einst dem Transport, inzwischen vor allem der Aufbewahrung und Lagerung. Man benutzt heute Polyvenyl-Beutel, außen metallbedampft und lackiert, optimal mit einem One-way- oder Aromaventil zur Ausgasung versehen. Bei geschlossener Verpackung behält der Kaffee über mehrere Monate weitgehend seine Qualität.

Wasser

Das beste Lösungsmittel für alle im Kaffee enthaltenen Stoffe, aber kein neutrales Medium. Zusammensetzung und pH-Wert haben Einfluss auf das Geschmacksergebnis. Daher kontrolliert man heute und stellt insbesondere bei Gastronomie und anderen Großverbrauchern mittels Filtertechnik hauptsächlich den Kalziumgehalt und den pH-Wert auf für Maschine und Geschmack optimale Werte ein.

Zibetkatze

Die Vorliebe dieser Katzenart, der Musange, für reife Kaffeekirschen wird in der indonesischen Provinz Luwak für die Herstellung einer Kaffeespezialität genutzt, den Kopi Luwak. Kopi heißt Kaffee. Die Tiere fressen die Kirschen und scheiden die mittels ihrer sehr scharfen Magen- und Darmsekrete angedauten Bohnen aus, die jetzt ihre Säuren weitgehend verloren und einen eigenartigen Geschmack angenommen haben. Derzeit der teuerste Kaffee der Welt, allerdings eher zum Leidwesen der auch in Gefangenschaft gehaltenen und zwangsgefütterten Musange.

Zucker

Das zweite wichtige Additiv zur Tasse Kaffee: 80 Prozent der Deutschen süßen derzeit das Getränk mit Zucker. Der weiße Industriezucker aus der Zuckerrübe süßt stark, hat selbst keine Aromen und ist vom pH-Wert her sauer. Unraffinierte Zubereitungen aus Zuckerrohr dagegen fügen eigene Aromen hinzu. Sie addieren und unterstützen den Kaffeegeschmack besser und sind meist auch für magenempfindliche »Süßtrinker« verträglicher.

Zucker beeinflusst das
Getränk wesentlich. Unraffinier-
ter Rohrzucker fügt dem Kaffee
wohlschmeckende Aromen
hinzu und süßt weniger stark als
raffinierter Zucker.

Das Café Keese an Hamburgs Reeperbahn in elegantem nostalgischem Stilmix bietet Tag- und Nachtschwärmern nicht nur Kaffee, sondern auch Tanz und jede Menge Events.

Ein Espresso ist für manche Menschen bekömmlicher als ein klassischer Filterkaffee.

KAFFEE FÜR DIE HAUSAPOTHEKE

EIN VADEMEKUM FÜR ALLE FÄLLE

Bei Katerstimmung weiß auch der Barista Rat: Hübsch anzusehen, schmeckt Kaffee mit Zitrone nicht ganz so arg.

Seit Langem hat sich Kaffee als sanftes Therapeutikum und Hausmittel bewährt. Er ist einfach und fast überall anzuwenden. Nachgewiesen sind folgende Wirkungen:

■ Ein Espresso oder kleiner starker Kaffee mit frischem Zitronensaft, ohne Zucker, ist zwar keine Delikatesse, hilft aber gegen wetterbedingte Kopfschmerzen, bei beginnender Migräne und bei »Kater«-Kopfschmerzen nach Alkoholgenuss. In der Kombination mit Aspirin verstärkt sich die Wirkung um das Mehrfache. Kaffee hilft jedoch nicht, nach Alkoholgenuss wieder nüchtern zu werden.

■ Eine wichtige Hilfe für ältere Menschen mit schlechter Hirndurchblutung oder niedrigem Blutdruck, die an Einschlafproblemen leiden: abends einen Espresso!

■ Die morgendliche Tasse Kaffee wirkt dank Koffein, Säuren, Gerb- und Bitterstoffen bei vielen Menschen anregend auf die Peristaltik – und somit als Verdauungshilfe.

■ Kaffee macht zwar nicht schlauer, aber mobilisiert vorhandene geistige Fähigkeiten und fördert die Konzentration, eine Wirkung, die man sich vor Prüfungen zunutze machen kann, vorausgesetzt, man ist nicht übernervös und aufgedreht.

■ Kaffee in Maßen wirkt stimmungsaufhellend und leicht euphorisierend; dies gilt auch für entkoffeinierten Kaffee. Die antidepressive Wirkung hängt also nicht vom Koffein (allein) ab.

■ Kaffee unterstützt das Abnehmen durch die allgemeine Erhöhung des Grundumsatzes, das heißt der Energieverbrennung (»thermogener Effekt«). Dies bedeutet, dass schwarzer Kaffee ohne Milch und Zucker den Kalorienverbrauch leicht erhöht.

■ Bei morgendlicher Trägheit hilft die erste Tasse zuverlässig, munter zu werden.

■ Müdigkeit lässt sich mit einer Tasse Kaffee oder einem Espresso für eine Weile überwinden, doch kann zu viel Kaffee am Tag auch zum Gegenteil führen, also erst recht müde machen.

■ Autofahrer können vom aufmunternden Effekt des Kaffees profitieren, doch die Wirkung des Kaffees setzt frühestens nach 15 Minuten ein – also erst mal Pause machen und sich ein paar Minuten in frischer Luft bewegen.

■ Eine Tasse Filterkaffee deckt 5 Prozent des Tagesbedarfs eines Erwachsenen an Nicotinsäure, die der Körper in das B-Vitamin Niacin (wichtig für den Stoffwechsel) umwandelt.

■ Bei Sportlern unterstützt Kaffee Reaktionsvermögen, Ausdauer und Schnelligkeit. Als Genussmittel steht Kaffee nicht mehr auf der Dopingliste.

■ Regelmäßiger und maßvoller Kaffeegenuss (2 bis 3 Tassen am Tag) hat keinen verstärkenden Effekt bei Bluthochdruck oder Herzrhythmusstörungen. Nur nach längerer Abstinenz kann Kaffee zur vorübergehenden Erhöhung des Blutdrucks oder zur Beschleunigung des Herzschlags führen.

■ Bei Krankheiten mit Bettruhe hilft Kaffee, die Grundfunktionen – Herz- und Lungenleistung, Darmtätigkeit, Leber- und Nierenfunktion – zu stützen.

**Ein Klassiker aus
Österreich – der Einspänner.**
Zu dem kräftigen Schwarzen
mit Schlagobers passt ein Topfen-
strudel phantastisch.

KAFFEEGENUSS INTERNATIONAL

DIE BELIEBTESTEN ZUBEREITUNGSARTEN IN EUROPA UND DEN USA

Im orientalisch-arabischen Raum, in der Türkei, in Griechenland, Iran, Afghanistan und in Russland ist das Aufkochen von Kaffee, Zucker, manchmal auch Gewürzen wie Kardamon oder Zimt und Wasser im Ibrik, Cezwe oder Briki bis heute die beliebteste Methode der Zubereitung. Im restlichen Europa und den USA haben sich dagegen viele höchst eigene Kaffeekulturen entwickelt und erhalten. Über Jahrhunderte passten sich die Zubereitungsarten der Kaffeegetränke den jeweiligen Ernährungs-, Arbeits- und Freizeitgewohnheiten an und wurden in die restliche Welt exportiert. Einige der beliebtesten sollen hier in den verbreitetsten Rezepturen vorgestellt werden.

ITALIEN
Die Espresso-Welt expandiert seit Jahren am stärksten und ist weltweit die beliebteste mit den kreativsten Rezepten.

Espresso/Caffé
Die Basis stellt der Espresso, in Italien heute noch einfach »caffé« genannt, dar (Zubereitung s. Seite 163).

Ristretto ist das Konzentrat des Konzentrats, hier wird die Wassermenge auf die Hälfte reduziert, also auf 1 bis 2 cl, damit die höchste, dichteste Emulsion, die wir im Kaffeebereich kennen. Die Zubereitung eines perfekten Ristretto gilt als hohe Kunst.

Lungo bedeutet das Gegenteil: Hier verlängert man den Espresso mit heißem Wasser auf 4 bis 5 cl. Noch mehr Wasser macht ihn bitterer.

Doppio ist ein doppelter Espresso in einer speziellen Tasse.

Cappuccino Man schäumt am besten Frischmilch möglichst feinporig und weich auf, zieht nun 3 cl Espresso in eine 150 bis 180 ml Tasse und übergießt diesen mit Schwung, um ihn hochzuheben, damit er sich mit dem Schaum sofort vermischt. Mit Muster noch hübscher.

Marocchino ist wie Cappuccino, aber zuerst wird etwas schwach entölter Kakao in die Tasse gestäubt, der sich im Espresso löst. Nach Wunsch auch den Milchschaum mit Kakao bestäuben.

Espresso Macchiato/ Caffé Macchiato ist ein Espresso, der mit etwas aufgeschäumter Milch überzogen wird.

Caffé Corretto, fast ausschließlich in Italien üblich, ist ein Espresso mit Grappa, manchmal auch mit Brandy, Amaretto o.ä.

Latte Macchiato erobert derzeit die Welt. Man nimmt ca. 0,2 bis 0,3 l heiße Milch, oben ca. 2 Zentimeter Schaum. Nun den frischen Espresso langsam von oben eingießen. Es bilden sich drei Schichten, der Espresso »rieselt« langsam nach unten, was schön anzusehen ist.

Americano ist ein Espresso, der mit heißem Wasser nach Belieben verlängert wird, eine Variante, die sich auch in Österreich stark durchgesetzt hat.

ÖSTERREICH
Ein Land mit einer langen und interessanten Kaffeekultur, die es bedauerlicherweise zugunsten der Espressowelt aufgibt. Der Brühkaffee wurde hier schon immer etwas dunkler geröstet als in Deutschland, ist daher intensiver im Geschmack und hat spürbar weniger Säure.

Kleiner Schwarzer – Mokka – Piccolo ist ein kleiner starker Kaffee, der aus ca. 8 bis 9 g Kaffeemehl mit Handfilteraufguss, in der Kaffeefiltermaschine, in der Espressokanne oder sogar auf türkische Art zubereitet sein kann.

Kleiner Brauner ist ein Kleiner Schwarzer mit Kaffeesahne in einem separaten kleinen Kännchen.

Verlängerter: ein Kleiner Schwarzer, der zum individuellen Verlängern mit einem Kännchen heißen Wasser serviert wird.

Wiener Einspänner: ein Kleiner Schwarzer in einem feuerfesten, vorgewärmten Kaffeeglas, das halb mit Kaffee und halb mit geschlagener süßer Sahne gefüllt und oben mit Puderzucker bestreut wird.

Großer Schwarzer: aus 14 bis 15 g Kaffeemehl und ca. 0,2 l Wasser zubereitet.

Konsul: ein Großer Schwarzer mit einem Schuss frischer, flüssiger Sahne.

Fiaker: ein Großer Schwarzer mit 2 cl Rum, Cognac,

Weinbrand oder Slibowitz und viel Zucker, der im Wasserglas serviert wird.

Brauner: Wiens Klassiker als kleiner oder großer – eine Tasse Kaffee mit frischer Milch, die aber im Idealfall mit 60 Prozent Sahne gemischt wird.

Melange: zwei Drittel starker schwarzer Bohnenkaffee und ein Drittel heiße, ungekochte Milch, zuweilen auch aufgeschäumt und/oder mit 60 Prozent Sahne versetzt. Das Ganze kann im Stielglas und mit etwas fein gemahlenem Kaffee bestreut serviert werden.

Kapuziner: ein starker Kaffee mit einer dicken Schlagsahnehaube, mit Kakao bestäubt.

SCHWEIZ
Das Land der hohen Berge hat seine Kultur heute auf seine Vollautomaten ausgelegt und für diese eine eigene Kaffeeröstung, auch Schümli genannt, entwickelt.

Espresso: Im Lande des höchsten Verbrauchs an Espressokaffee wird dieser mit gröber gemahlenem Pulver in ca. 5 bis 8 cl Wasser gelöst.

Café Natur: eine Tasse frisch gemahlener, einzeln gebrühter Kolbenkaffee, auch Schümli-Kaffee genannt.

Café Crème: eine Tasse Kaffee mit einem Töpfchen Kaffeesahne, für eine Doppelcrème nimmt man eben mehr davon.

Kaffeegetränke werden heute auch »cool« mit Strohhalm serviert.

Cappuccino: Ein kräftiger Kolbenkaffee mit etwas Milchschaum.

FRANKREICH

Obwohl die Franzosen im 19. Jahrhundert stark an der Entwicklung von Techniken zur Verbesserung des Geschmacks beteiligt waren, hat sich erst in jüngerer Zeit ein stärkeres Bewusstsein für Qualität und Sorgfalt bei der Zubereitung entwickelt. Heute kann man zumindest in den größeren Städten mit guten Kaffeevariationen rechnen.

Café au lait wird in einer großen, henkellosen Schale, der »bol« serviert und besteht zu gleichen Teilen aus fein gemahlenem Filterkaffee, manchmal etwas Zichorie und heißer Milch. Franzosen trinken ihn nur zum Frühstück. Gern taucht man dann sein Croissant ein.

Café Crème: ein Espresso mit ca. 5 bis 8 cl mit derselben Menge heißer Milch.

Café Serré: ein etwas verlängerter Espresso.

Café Noisette: ein schwarzer Kaffee, manchmal Espresso, mit etwas Milch.

PORTUGAL

Über seine Kolonien erhielt das Land lange gute Kaffeequalitäten und pflegt bis heute seine traditionellen Zubereitungen.

Bica: entspricht etwa einem doppelten italienischen Espresso, manchmal nimmt man sehr dunkel gerösteten Kaffee.

Carioca: doppelter Espresso mit etwas mehr Wasser.

Garoto: ein großer Brauner, aber nur mit Milch.

Meia de leite: ein doppelter Espresso mit Milch in einer großen Tasse.

Galao: starker Kaffee und Milch zu gleichen Teilen im Longdrinkglas.

SCHWEDEN

Zubereitet wird der Kaffee bei den viel trinkenden Menschen im Norden auch heute noch traditionell mit der Filtermaschine, per Handfilter oder gerne auch mit der Press-Stempelkanne – und das zu jeder Tages- und Nachtzeit. Kaffee-Vollautomaten, wie in Deutschland oder der Schweiz, sind hier noch wenig verbreitet.
Innerhalb der letzten Jahre hat sich die Kaffeekultur durch die »Invasion« von Coffee-Shops nach amerikanischem Vorbild allerdings verändert, sodass auch alle Espresso-Varianten verbreitet sind.
Zu Hause und für Gäste bereitet man den Kaffee klassisch als Filterkaffee und zu besonderen Anlässen gerne mit Alkohol zu.

Schwedischer Kaffee:

Zucker wird mit 2 cl Aquavit und einem Eigelb verquirlt, mit einer Tasse starkem schwarzen Kaffee aufgegossen und mit einer Haube Schlagsahne in einer (großen) Tasse oder einem Glas serviert.

Beliebt sind auch Mischungen aus Weinbrand und Gewürzen wie Zimt und Nelken, die mittels eines Rechaud erhitzt, angezündet, mit starkem schwarzem Kaffee abgelöscht, dann ggfs. gefiltert und mit Sahnehaube serviert werden (z.B. Kaffee Nordkap).

USA

Obwohl Kaffee das patriotische Getränk der amerikanischen Unabhängigkeitsbewegung ist, waren die Amerikaner lange für ihren besonders dünnen Filterkaffee bekannt. Man konnte davon durchaus ein bis zwei Liter trinken, ohne Herzklopfen zu bekommen. Inzwischen hat sich die Kaffeewelt durch die amerikanische Espresso-Welle stark verändert. Die großen und süßen, meist noch aromatisierten Varianten, in Coffee-Shops angeboten und »to go« verpackt, erobern die Jugend weltweit. Fast alle Variationen gibt es in »klein«, »mittel« oder »groß«.

Zwei von einer unbegrenzten Zahl von Möglichkeiten:

Caffé Mocha: 5 bis 8 cl Espresso in einem 0,3- bis 0,4 l-Glas, mit Schokoladensauce oder Kakaopulver vermischt und heißer Milch aufgefüllt. Auf Wunsch mit Schlagsahne und Schokostreusel serviert.

Flavoured Mocha: 5 bis 8 cl Espresso im 0,3- bis 0,4-l-Glas mit beliebigem Aromasirup, z.B. Haselnuss, Vanille, Karamell oder Kirsche vermischt und mit heißer Milch aufgefüllt. Auf Wunsch mit Schlagsahne serviert.

Leben wie Gott in Frankreich erlaubt manches französische Bar-Bistro: einfache und gute Küche, Weine mit Niveau, weiß gedeckt, unprätentiös und zivile Preise. Und oft auch einen guten Kaffee danach.

Das Caffé Flore unter den Arkaden auf dem Markusplatz in Venedig – so leer ist es dort nur am frühen Morgen.

REGISTER

Latte Macchiato
ist vor allem bei der jungen Generation besonders beliebt.

Mobiles Café für eine mobile Gesellschaft – ein aufblasbares »Architektur-Kaffeehaus« des bosnischen Künstlers Mladen Jadric, erstmals gezeigt 2004 in der Galerie für Zeitgenössische Kunst in Leipzig.

Einige besonders hübsche Kaffee-Werbemarken:
Diese wurden vor allem von Kindern gern gesammelt.

Mit etwas Glück findet man
es noch: ein Kaffeehaus mit
hausgemachtem Kuchenangebot.

Warum nicht mal exotisch: libanesischer Kaffee mit Kardamon gewürzt.

Ball, Daniela U.
Kaffee im Spiegel europäischer Trinksitten. Veröffentlichungen des Johann Jacobs Museums zur Kulturgeschichte des Kaffees, 1991

Banks, Mary
Kaffee, die schwarze Leidenschaft, 1999, 2002

Bersten, Ian
Coffee floats – tea sinks. Through History and Technology to a Complete Understanding, 1993

Böhning, Heiko
Buch vom Kaffee, 1989

Bramah, Edward u. Joan,
300 Jahre Kaffeezubereitung. Kunst und Technik, 1989

Bürgin, Eugen C. und Christ, Alexander, Kaffee, 1977

Deutscher Kaffeeverband (Hg.),
Kaffeewissen: Vom Anbau bis zum Endprodukt. Neuaufl. 2004

Edelbauer, Leopold J.,
Alles über Kaffee, 2000

Ferre, Felipe, Kaffee – eine Kulturgeschichte, 1991

Flament, Ivon,
Coffee Flavor Chemistry, 2001

Furtwängler, A., K. Klotz, T. Leeb (Hg.). Das Kaffeehaus. Von Bohnen und Maschinen, 1997

Heise, Ulla,
Coffeana. Lob und Tatel von Kaffee und Kaffeehaus in Gedichten aus vier Jahrhunderten, 1988

Heise, Ulla,
Kaffee und Kaffeehaus. Die Geschichte des Kaffees, 2002.

Hengartner Thomas und Christoph Maria Merki (Hg.),
Genussmittel. Ein kulturgeschichtliches Handbuch, 2001

Hessmann-Kosaris, Anita,
Kaffee – nicht die Bohne ungesund, 2000

Hessmann-Kosaris, Anita,
Kaffee, der gesunde Muntermacher, 2006

Illy, Francesco und Riccardo,
Kaffee. Von der Bohne zum Espresso, 1990.

Leeb, Thomas,
Kaffee, Espresso & Barista, 2003

Niebuhr, Carsten,
Entdeckungen im Orient 1761-1767. Herausgegeben und bearbeitet von Robert und Evamaria Grün, 1970

Pendergrast, Mark,
Kaffee. Wie eine Bohne die Welt veränderte, 2001

Neuberger, G. u.a.,
Zum Beispiel Kaffee, 1999

Riley Fitch, Noel und Midgley, Andrew, Künstlercafés in Europa. Wo Kafka schrieb, Matisse malte und Freud Schach spielte, 2007

Rothfos, Jan Beernd und Lange, Hans, Kaffee – Die Zukurft, 2005

Schnyder-v. Waldkirch, Antoinette, Wie Europa den Kaffee entdeckte – Reiseberichte der Barockzeit als Quellen zur Geschichte des Kaffees, 1988

Thiele-Dormann, Klaus,
Europäische Kaffeehauskultur, 1999

Walderdorff, Elisabeth von,
Alte Kaffeemühlen. Geschichte, Form und Funktion eines Küchengerätes aus der Zeit unserer Großmütter, 1982

Die zarten fünfgliedrigen Blüten des Kaffeebaums verblühen nach wenigen Tagen und sind nur wenige Stunden befruchtungsfähig. Ein ausgewachsener Baum kann bis zu 40 000 Blüten tragen.

Ein Caffè e Latte besteht aus einem doppelten Espresso mit heißer Milch und gehört in Italien zum Frühstück.

WEB ADRESSEN

ORGANISATIONEN UND VERBÄNDE

www.kaffeeverband.de
(Deutscher Kaffeeverband e.V.)

www.scae.de
(Speciality Coffee Association Europe, Sektion Deutschland)

www.ico.org
(International Coffee Organization, ICO)

www.ncausa.org
(National Coffee Association, USA)

www.green-coffee-assoc.org
(Green Coffee Association, USA)

www.scaa.org
(Speciality Coffee Organization of America, SCAA)

www.fao.org
(Food and Agriculture Organization oft the United Nations, FAO)

HANDEL:

www.theice.com
(Global Commodity Markets New York)

www.liffe.com
(London International Financial Futures and Options Exchange , LIFFE)

www.bmf.com.br
(Bolsa de Mercadorias & Futuros, BM&F)

www.futures.tradingcharts.com
(International TradingCharts.cm.Inc)

NACHHALTIGKEIT UND ÖKOLOGIE

www.ifoam.org
(International Federation of Organic Agriculture Movements, IFOAM)

www.transfair.org (Transfair)

www.fairtrade.net
(Fairtrade Labelling Organizations International, FLO)

www.sustainableharvest.com
(Sustainable Harvest)

www.maxhavelaar.org
(Max Havelaar Foundation, fair trade)

www.rainforest-alliance.org
(The Rainforest Alliance)

www.coffeekids.org (Coffee Kids)

www.sustainable-coffee.net
(Common Code for the Coffee Community)

GESUNDHEIT

www.kaffee-wirkungen.de
(Deutsches Grünes Kreuz e.V. Sektion Kaffee und Gesundheit)

www.cosic.org
(The Coffee Science Information Center, COSIC)

www.coffeescience.org
(Coffee Science Source, CSS)

SONSTIGES

www.cofei.com
(Gemischtes über Kaffee)

www.coffeenetwork.com
(Ccffeenetwork)

www.cupofexcellence.org
(Cup of Excellence)

www.codexalimentarius.net
(FAO/WHO Codex Alimentarius Commission)

www.siemex.biz/coffee
(Coffee and Cacoa International, magazine)

http://www.cremagazin.de/
(Magazin für coffee lovers)

http://www.cafe-solo.info/
(Magazin für Kaffeekultur)

http://www.coffee-business.de/
(Magazin für die Kaffeebranche)

Der Autor:
Thomas Leeb, 1954 in Würzburg geboren, hat Psychologie und Philosophie studiert. Zahlreiche Reisen und sein erster gastronomischer Betrieb weckten sein Interesse an Kaffee in all seinen Formen. Seit vielen Jahren berät er Firmen, organisiert Fachmessen und Ausstellungen rund um das Thema. Außerdem ist er leidenschaftlicher Barista und Besitzer des Kaffeefachgeschäfts und Cafés »Kaffee, Espresso & Barista« in München – und einer großen Sammlung Kaffeemühlen, Röst- und Kaffeemaschinen sowie Grafiken und Drucken rund um den Kaffee.

Bildnachweis:
© Archiv Thomas Leeb: 6/7 (Kaffee, Espresso & Barista, Innenraum), 10/11, 13, 14, 15 (3), 16, 18, 20, 21, 23 (2), 24, 25 (2), 26, 27 (2), 28, 30, 31, 34, 35, 36, 37 (2), 38, 39, 40, 41, 42, 43, 55, 59, 95, 99, 129 (o.), 154
© Archiv Thomas Leeb/Foto Björn Hölle, München: 13, 17 (2), 19, 21, 22, 23, 29 (2), 30, 32, 33, 35, 40, 67 (2), 79, 81 (l.o.), 82, 83, 85, 87, 90, 121, 123, 125, 127, 129 (u.), 131, 133, 140, 141 (alle), 142, 143 (alle), 145, 151, 152, 153
© Dea/D.Castellino/Getty Images: 52/53
© Deutscher Kaffeeverband e.V., Hamburg: 25 (u.), 56, 57 (2), 63 (M.), 71 (M.), 73 (u.), 77 (3), 81 (2), 103 (u.), 105, 107 (2)
© Marc O.Finley/Getty Images: 157
© Getty Images: 76, 188/189
© Wolfgang Heinricy, Hamburg: 101 (o.)
© Björn Hölle, München: 55, 61, 63 (o. / u.), 65, 69, 84, 87, 99, 101, 149, 163, 165
© Andrew Midgley/New Holland Publishers, London: 46, 47
© Picture alliance/dpa, Frankfurt: 19 (r), 44/45, 47, 48, 50 (2), 51, 54, 86, 88, 91, 92/93, 94, 96, 97, 98, 100, 101 (u.), 102, 103, 104, 109, 112, 113, 120, 121, 123 (2), 124, 125, 134, 135, 144, 146, 157, 158, 168/169, 170/171, 174, 175, 176/177, 181
© Joe Raedle/Getty images: 92/93
© StockFood, München: 2/3, 6, 8/9, 49, 58, 65, 66, 68, 72, 74/75, 78, 80, 88, 89, 108, 110, 115, 117, 118/119, 122, 126, 128 (alle), 130, 132, 135,136, 137 (2), 138/139, 147, 148, 150, 155 (2), 159, 161, 162, 164, 166, 167, 172, 178, 180, 182, 184/185, 186, 190
© Wolfgang Weber, Darmstadt: 12, 60, 62, 64, 69 (2), 70, 71 (o./u.), 73 (o), 106

Werksfotos: 83 Fa. Ascaso (3.v.o.), Fa. Anfim (u.); 85 Fa. Mahlkönig (o.), Fa. KitchenAid (2.v.o.), Fa. Schaerer (u.), 141 Fa. FrancesFRANCES (u.), 142 Fa DallaCorte, 143 Fa. ECM (o.), Fa. Ascaso (Mitte und u.), 145 Fa. Schaerer, 151 Fa. Schaerer (o.), 153 Fa. ECM

Alle Angaben dieses Bandes wurden vom Autor sorgfältig recherchiert und vom Verlag auf Stimmigkeit und Aktualität geprüft. Allerdings kann keine Haftung für die Richtigkeit der Informationen übernommen werden. Für Hinweise und Anregungen sind wir dankbar. Zuschriften bitte an den:
C.J. Bucher Verlag GmbH
Produktmanagement
Postfach 400209,
80702 München,
E-Mail: lektorat@bucher-verlag.de

Produktmanagement: Dr. Birgit Kneip
Lektorat: Dr. Birgit Kneip, Barbara Rusch, München
Mit fachlicher Unterstützung des Deutschen Kaffeeverbands e.V.
Gestaltung: Iris Streck, agenten.und. freunde, Kommunikationsdesign, München
Herstellung: Bettina Schippel
Repro: Repro Ludwig, Zell am See
Printed and bound in Slovenia by MKT Print, Ljubljana

Die Deutsche Nationalbibliothek –
CIP-Einheitsaufnahme
Ein Titeldatensatz für diese Publikation ist bei der Deutschen Nationalbibliothek erhältlich.

Unser komplettes Programm:

www.bucher-verlag.de

© 2008 C.J. Bucher Verlag GmbH, München
Alle Rechte vorbehalten
ISBN 978-3-7658-1732-8